떡갈나무
혁명을
꿈꾸다

생태·환경에 관한
35가지 질문

떡갈나무 혁명을 꿈꾸다

생태·환경에 관한 35가지 질문

초판 1쇄 펴낸 날 2022년 5월 23일
지은이 신승철
펴낸곳 도서출판 한살림
펴낸이 윤형근
편집 장순철
디자인 더디앤씨
출판신고 2008년 5월 2일 제2015-000090호
주소 (우 06086) 서울특별시 강남구 봉은사로81길 15 4층
전화 02-6931-3612
팩스 02-6715-0819
누리집 www.salimstory.net
이메일 story@hansalim.or.kr

ⓒ 도서출판한살림 2022
ISBN 979-11-90405-37-9   03100

* 이 책의 저작권은 도서출판한살림에 있으며, 저작권법에 의하여 보호를 받는 저작물이므로 무단 전재와 복제를 금합니다.
* 이 책 내용의 일부 또는 전부를 재사용하려면 반드시 저작권자와 도서출판한살림의 동의를 받아야 합니다.
* 잘못된 책은 구입하신 곳에서 바꾸어 드립니다.
* 책값은 뒤표지에 있습니다.

기후위기와 죽임의 문명 속에서
움트고 발아하고 성장하는 생명의 씨앗은
지구의 오래된 약속의 실현이다.

지혜로운 생명인 다람쥐가
도토리를 모아두었다 깜빡한 먹이창고에서
서서히 새순이 움트고, 숲이 우거지듯
모든 것이 일순간에 해결되는 것은 없다.

우리는 끊임없이 모색하고 실천하며,
더욱 강건하게 스며들고
움트고 발아하는 필사의 노력을 해야 한다.
그것이 생명 평화 세상을 만들기 위한
우리 자신의 생활 양식이자 행동 양식이며
도토리 한 알이 만든 '떡갈나무 혁명'이기 때문이다.

| 차례 |

들어가며 작은 도토리가 떡갈나무 숲이 된다는 약속   008

1장
자연주의가 아닌 생태주의

Q 01 에코시스템과 전체론 사이에서   015
Q 02 생태주의는 자연주의가 아니다   022
Q 03 기후위기 시대 복잡성 감축을 다시 생각하기   029
Q 04 환경결정론을 따르지 않는 생태계   036
Q 05 근본생태주의는 에코파시즘인가?   043

기후위기를 넘어 전환 사회로

Q 06 미래 전망을 상실한 기후위기시대 자본	053
Q 07 탄소 무의식과 미디어 가이드라인	060
Q 08 빅워터와 경쟁하는 육류 소비	066
Q 09 보험회사는 왜 기후펀드를 만들지 않는가?	072
Q 10 기후위기와 기후난민	079
Q 11 그린뉴딜과 녹색 전환의 거대 프로그램	085
Q 12 노란조끼운동, 탄소세에 대한 오해와 쟁점	091
Q 13 우리나라는 왜 기후악당국가로 불리는가?	098
Q 14 에코마일리지와 기본소득	104
Q 15 재생에너지 철학과 에너지믹스 탄력성	110
Q 16 티핑 포인트 1.5℃가 왜 중요한가?	116
Q 17 청소년 기후행동을 다시 생각하다	122

동물보호 철학과 식생활 문제

Q 18 먹는다는 것은 무엇일까? 131
Q 19 실험동물윤리 3R의 쟁점들 137
Q 20 사회 실험실화를 넘어 실험실의 사회화로 143
Q 21 육류세를 통한 동물복지기금 조성 149
Q 22 사회적농업, 농업의 사회화와 시민화 155
Q 23 식량위기 시대의 푸드플랜과 전환 사회 163

다시 생각하는 구성적 인간론

Q 24 생명권 시대에 구성적 인간론을 생각하다 171
Q 25 환경영향평가와 생명권역평가가 필요하다 178
Q 26 경계면의 흐릿함, 가장자리 효과와 생태계 185

생태민주주의와 마을운동

Q 27 생태·추첨제·숙의민주주의 사이에서	195
Q 28 내발적 발전 전략과 비즈니스 승수 효과	201
Q 29 펜데믹 시대 마을과 공동체운동	207
Q 30 이야기 구조가 없는 상품, 있는 선물	214

함께 꿈꾸는 탈성장 전환 사회

Q 31 효율성 문명, 일회용품 문명을 넘어서	223
Q 32 녹색성장과 그린워싱을 넘어 협동운동으로	230
Q 33 법정스님의 무소유 이야기	239
Q 34 반역적 가난과 작은 공동체운동	246
Q 35 불교의 빈그릇운동 이야기	253

마치며 떡갈나무 혁명을 꿈꾸며	260

| 들어가며 |

작은 도토리가 떡갈나무 숲이 된다는 약속

"당신이 감히 어떻게!"

스웨덴의 청소년 그레타 툰베리$^{Greta\ Thunberg}$가 트럼프에게 던진 날선 말은 기후위기에 직면한 청소년들의 목소리를 시원하게 대변한다. 기후위기는 미래의 기회 상실이자, 심각한 실존의 위기이기도 하다. 그리고 2021년 한국 청소년기후행동이 만들어낸 '기후시민의회'는 이제 막 싹을 틔운 도토리이다. 그것은 전망 상실, 기회 상실의 시대에서 정부와 협치를 거부하고 대치對峙로 향한 도토리들의 반란이다. 한국 청소년들의 현실은 기후난민 청소년들의 현실과도 공명한다. 기후난민 아이들이 겪는 체념 증후군은 하루 종일 천막에서 누워 지내야 하는 난민의 삶에 쇼크를 받아 무반응, 무감각으로 몇 년을 혼수상태에 빠져 있다가 결국 죽게 된다. 제1세계와 제3세계를 망라한 깊은 전망 상실은 청소년들로 하여금 용기 있는 기후행동에 나서게 했다.

열외되고, 배제되고, 생명만 유지하는 기후난민의 현실은 참혹하다. 펠릭스 가타리$^{Félix\ Guattari}$가 말하는 통합된 세계 자본주의 하에서 문명 내부는 자기계발, 힐링, 웰빙, 소확행, 미디어, 명상 등으로 달콤하고 부드럽게 잘 산다. 반면 그 외부는 죽든 살든 내버려둔다. GDP

상으로 OECD 7위로 올라선 한국의 모습은 자신들만 잘 살려는 통합된 세계 자본주의의 모습을 잘 드러낸다. 그런 상황에서 전환운동은 무엇을 해야 할 것인가? 이제 우리는 가까이에 있는 것에 대한 민감성을 통해서 전 지구적인 시야를 가져야 한다. 우리 가까이에 있는 청소년들의 목소리를 들으려 할 때 우리와 가장 먼 거리에 있는 기후난민 청소년의 상황에도 공명하고 연대할 수 있기 때문이다.

2020년대 한국 사회의 모습은 어떤가? 성장주의 세력은 산업 자본주의, 금융 자본주의, 인지 자본주의, 정동 자본주의$^{플랫폼\ 자본주의}$를 중층화하여 성장의 마지막 파티를 벌이고 있다. 마을운동이 젠트리피케이션^{Gentrification}에 포획되었듯, 전환운동, 협동운동의 일부 역시도 플랫폼에 발이 묶여 있다. 정동^{Affect} 자본주의는 플랫폼 내에서 정동과 활력을 발휘하고 웃고 울고 즐기다 보면 그 정동이 만들어낸 부수 효과는 모두 플랫폼이 가져가는 시스템이다. 다시 말해 우리의 활력과 생명에너지는 모두 자본에게 성장 동력으로 동원되고 있는 상황이다. 이제 우리는 성장주의 최후의 파티인 정동 자본주의에 직면해 있다. 잊지 말아야 할 점은 그 활력과 생명력으로서 정동이 우리 자신이 갖고 있는 각각의 도토리 한 알이라는 사실이다.

생명과 자연, 미래 세대는 떡갈나무 혁명의 오래된 약속이다. 임박한 기후위기 상황에서 생존주의 맥락에서 요행히 자신만 살아남을 수 있겠는가? 오히려 미래 세대의 잠재성과 보이지 않는 공기의 순환, 생명의 고동을 느끼는 사람들과의 연대와 협동을 통해서 기후행동의 판을 펼쳐내야 하지 않겠는가? 이미 도래한 미래인 기후위기에 직면하여 우리의 기후행동은 더욱 뾰족한 첨단점을 갖는 맹아^{萌芽}의 단계, 즉 도토리 단계에 서 있다. 그렇기 때문에 탈성장 전환 사회를 가능케 할 잠재성 생산, 특이성 생산을 필요로 한다. 떡갈나무 혁명을 위해서는 도토리도, 이를 운반할 다람쥐도, 대지와 공기, 햇빛 등과 같은 둘레환경이 필요하다. 떡갈나무 혁명의 시대는 이 모든 주체성들의 미래 진행형의 과정을 통해서만 미래라는 시간의 판을 약속받을 수 있다.

생명사상연구소의 주요섭 소장에 따르면, 떡갈나무 혁명은 생태계에서 한 톨의 도토리가 울창한 떡갈나무 숲으로 천이遷移를 일으키는 생명 창안의 혁명이다. 여기에는 다람쥐의 역할이 있다. 다람쥐가 도토리들을 주워서 먹이창고에 모아둘 때, 자연의 책략은 다람쥐의 망각을 통해 실현된다. 깜빡 잊어버린 먹이창고에서 떡갈나무 새순이 이듬해 봄에 움트기 때문이다. 사실 생명의 발아와 탄생은 '판짜는 자'와 '나서는 자' 모두의 혁명이다. 프랑스 생태철학자 펠릭스 가타리는 한 인터뷰에서 혁명을 이렇게 언급한다. "혁명 과정에 관한 한 나는 완전히 행복하다. 왜냐하면 어떤 혁명가도, 어떤 혁명운동도 없을지라도 모든 수준에서 혁명이 있을 것이기 때문이다. 그것이 바로 혁명을 하자는 이유이다. 그것은 사람들이 생각할 수 있는 가장 급진적인 낙관주의의 모든 혁명적 유토피아들과 대비된다." 펠릭스 가타리『욕망과 혁명』2004, 문화과학사 p79

이 글의 많은 부분은 환경일보에 게재된〈신승철의 떡갈나무 혁명〉이라는 칼럼을 수정하고 개작한 것이다. 이 글을 수정 보완하면서 더욱 신경을 썼던 부분은 기후위기 부분이다. 정보와 지식만이 아니라, 현재 벌어지고 있는 일들에 대한 지혜와 정동을 전달하려고 노력했다.〈1장_자연주의가 아닌 생태주의〉는 생태주의 담론을 개괄하면서 생태주의의 입체화를 구상했다.〈2장_기후위기를 넘어 전환 사회로〉

는 기후위기를 극복하고자 하는 여러 정책과 시스템, 제도 등에 역점을 두었다. 〈3장_동물보호 철학과 식생활 문제〉는 생명살림으로서의 채식과 동물복지축산 등에 대해서 개괄했다. 〈4장_다시 생각하는 구성적 인간론〉은 파시즘의 유혹에도 불구하고 사회, 공동체, 인간을 구성하려는 실천과 노력에 대해서 개괄했다. 〈5장_생태 민주주의와 마을운동〉은 다양한 각도에서 생각해 보는 생태 민주주의와 마을운동을 서술했다. 〈6장_함께 꿈꾸는 탈성장 전환 사회〉는 인터뷰 모음집으로 탈성장 전환 사회에 대해서 여러 사람들의 이야기를 모았다.

이 책이 나오기까지 여러분들의 이야기 구조가 참고가 되었다. 전남대 윤수종 선생님은 펠릭스 가타리를 통해 떡갈나무 혁명의 모태인 분자 혁명을 알게 해주셨으며, 원주 한알마을 김용우 선생님은 협동운동과 생명운동의 방향성을 제시해 주었으며, 생명사상연구소 주요섭 소장님은 떡갈나무 혁명이라는 개념 자체를 창안하셨고, 생명자유공동체의 구도완 소장님은 생태 민주주의의 기본 좌표를 만들어주셨고, 녹색불교연구소의 유정길 소장님은 정토회의 빈그릇운동에 대해서 인터뷰해 주셨다. 또 꼬마평화도서관 변택주 대표님은 법정스님에 대해서 인터뷰해 주셨고, 정은혜 작가님은 가슴 절절한 플라스틱 만다라운동을 소개해 주셨고, 작은형제회 최경환 수사님은 프란치스코의 가난한 공동체에 대해서 이야기해 주셨고, 모심과살림연구소 임채도 소장님은 한살림생활협동조합의 생명살림의 협동운동에 대해서 이야기해 주셨다. 늘 삶의 지혜를 나누는 협동조합 살림의 이무열 선생님과 녹색기술의 현대화를 말하시는 기술마케팅연구소 전병옥 소장님, 녹색의 정책화와 제도화를 말하는 지속가능시스템연구소의 박숙현 소장님, 생태 시민성을 주창하고 정리하고 계신 이나미 선생님, 기후위기라는 임박한 상황을 피하지 않고 직면하시는 공규동 선생님, 어려운 상황에서도 늘 함께 동지로서 얘기하고 실천하시는 권희중 선생님, 생태 민주주의를 혁신하려 분투하는 이승준 님, 그리고 청소년의 미래를 일구시는 서화니 선생님 등이 이 책이 나오기까지 도움과 이야기를 전해 주셨다. 그밖에 생태적지혜연구소협동조합 조합원들 모두에게 감사를 드린다. 더불어 이 책이 나오기까지 무엇보다도 큰 힘이 되어준 사랑하는 아내 이윤경 님에게 가슴 깊이 감사드린다.

  2020년대 한국 사회에서 자기만 잘 살아보겠다고 아우성인 작금의 상황은 무엇을 의미하는가? 탈성장 전환 사회로 향하는 수많은 도토리들이 함께 만들 떡갈나무 혁명의 필요성을 말하고 있지 않는가? 탈성장 전환 사회는 기후난민과 제3세계, 청소년이 만든 도토리들의 연대이며, 떡갈나무 숲의 염원이다. 한 톨의 도토리는 땅에 묻혀 썩어버릴 수도 있지만, 수많은 도토리들은 생명 발아와 생태계 천이의 혁명, 다시 말해 떡갈나무 혁명을 지상에 드러낸다. 지금 당장 도처에서 떡갈나무 혁명이 가능하다. 도토리를 모으는 다람쥐들이 알지 못했던 자연 책략의 비밀들이 여기에 있다. 이 책 떡갈나무 혁명이 담고 있는 자연 책략의 비밀은 다름 아닌 혁명이 이제까지 도처에서 일어나고 있었기 때문에 지금 당장 가능하다는 것이다. 그 떡갈나무 혁명에 여러분을 초대한다.

2022년 5월

신승철

1장

자본주의가 아닌 생태주의

Q 01

에코시스템과 전체론 사이에서
녹색운동의 세기적 논쟁, 근본파와 현실파의 갈림길

에코시스템과 디이내믹시스템

미국의 해양생물학자 레이첼 카슨$^{Rachel\ Carson}$은 1962년 『침묵의 봄$^{2002,\ 에코리브르}$』이라는 책을 발간하여 에코시스템^{Ecosystem}, 즉 생태계의 기본 구상을 드러냈다. 그녀는 이 책에서 자연, 인간, 사물, 생명이 신진대사를 이루어 서로 화학물질, 유전자, 분자, 미생물 등을 교환하는 생태계를 그려내는 데 성공한다. 에코시스템은 자연과 인간, 자연과 자연 간의 신진대사를 다룬다. 인간이 자연에게 미친 다양한 영향 중에서 주목할 것은 DDT^{농약}와 같은 화학물질이 만들어내는 영향이라고 할 수 있다. 이는 에코시스템에 심각한 영향을 주어 생명을 죽이고, 결국 새들도 울지 않는 '침묵의 봄'이 찾아오리라는 묵시적 예언까지 담고 있다. 에코시스템은 인과론적인 방향에서 움직이는 것 같지만,

사실상 서로 연결되어 있는 복잡계$^{Complex\ System}$이기 때문에 인과관계와 상관관계의 다발로 된 그물망이라고 할 수 있다. 그러나 카슨의 방법론은 DDT에 대한 역학적인 조사에 따르는 인과관계에 집중되어 있다.

생태계는 서로 연결되어 있는 50그루 나무가 따로 떨어진 가로수 100그루보다 더 항상성이 강할 것이라는 은유로도 표현된다. 나무가 서로 연결되어 숲을 이루면 그 안에서 벌레, 미생물, 새, 동물, 버섯 등이 시너지 효과를 일으킨다는 점은 잘 알려져 있다. 그런 점에서 에코시스템은 다이내믹시스템이기도 하다. 무정형 덩어리로서의 자연이 아니라, 상호 의존, 상호 연결, 상호 작용의 다이내믹한 과정이 펼쳐지기 때문이다. 그러한 다이내믹시스템에 시너지 효과에 따라 생산물을 만들어내는 것이 농업이었다. 그러나 화학비료와 농약에 기반한 농업은 생명을 살리는 것이 아니라, 생명을 죽이는 과정이라는 게 카슨의 설명에 내포돼 있다. 다이내믹시스템에 따른 시너지 효과는 산림, 하천, 갯벌 등이 주는 생태계 서비스로도 설명되고 있다. 이는 자원의 최적 이용을 목표한 인류 문명에게 유무형의 이익을 주고 있으며, 오히려 최적 보존되어야 할 인류 문명이 유지될 수 있는 판과 구도라는 데 의미가 있다.

생태계의 여러 가지 원리들

환경 관리주의에서는 계량적이고 가시적인 양적 척도로서 환경이라는 핵심 변수에 따르는데 비해, 생태주의는 다양성, 관여성, 창발성, 순환성을 통해 생태계가 항상성과 회복탄력성 Resilience을 갖는다는 점에 주목한다. 생태계의 다양성은 다양한 생명, 사물, 자연, 미생물들이 회복탄력성을 이루게 되는 원천이라는 점을 의미한다. 관여성은 생태계 속에서 모두가 연결되어 있어서 하나의 생명이 다른 생명에게 의존한다는 점을 의미한다. 이는 최적 적응의 신화라고 할 수 있는 사회진화론처럼 비용 편익, 경쟁, 효율성에 따르는 개체만이 살아남는 게 아니라, 대체로 적응한 개체들이 서로 의존하면서 살아간다는 점을 의미한다. 결국 생태계 최강자는 사실상 없는 셈이다. 인간의 오만함은 밀림의 왕을 능가하는 자연 지배 능력을 타고난데서 기인하지만, 사실상 생태계 속에서 인간 역시도 하나의 대체로 적응하고 상호 의존하는 개체 중 하나일 뿐이다. 생태계의 창발성은 연결망의 강렬도에 따라 생명이 창발된다는 점을 의미한다. 도법스님에 따르면 제석천帝釋天[1]에 인드라망이라는 보이지 않는 그물망이 있는데, 그 그물코의 구슬마다 생명이 창발한다고 말한다. 생태계 순환성에 관련해서는 생태계에서는 버릴 것이 하나도 없다는 점을 의미한다. 더러운 쓰레기더미에서도 미생물이 발아하고 생명이 창궐한다. 핵폐기물이나 플라스틱과 같은 문명의 쓰레기는 예외라고 할 수 있다. 이렇듯 생태계는 다양성, 관여성, 창발성, 순환성에 따라 작동하는 다이내믹시스템이라고 할 수 있다.

---

[1] 불교의 십이천十二天의 하나. 수미산의 꼭대기 도리천忉利天의 임금이다. 동방을 지키고 희견성喜見城에 살며 사천왕四天王을 통솔한다. 불법과 불법에 귀의하는 사람을 보호하며, 아수라의 군대를 성벌한다는 하늘의 임금이다.

세 가지 생태학과 마음생태

흔히 자연만이 생태계를 이룬다고 생각하기 쉽지만, 자연, 인간, 사회 등의 신진대사도 모두 생태계를 이룬다. 이 점에서 펠릭스 가타리$^{Félix\ Guattari}$가 말한 자연생태학-정신생태학-사회생태학이라는 『세 가지 생태학$^{2003,\ 동문선}$』이라는 구상 역시도 레이첼 카슨의 에코시스템 확장 버전이라고 할 수 있다. 그런데 여기서 정신생태학이 가능한지 녹색운동 진영은 50년 동안 세기적인 논쟁을 벌여 왔다는 점에 주목해야 한다. 즉 물질, 유전자, 미생물의 신진대사를 말하는 에코시스템^{생태계}을 말할 때 지극히 유물론적이고 현실적일 수밖에 없는데, 마음의 차원은 근본적이고 심층적이며 관념론적인 것으로 여겨지기 때문이다.

정신생태학은 그레고리 베이트슨의 『마음의 생태학$^{2006,\ 책세상}$』에서 처음으로 구체화되었다. 베이트슨은 마술모자에서 토끼가 나오고 뱀이 나오고 꽃이 나오듯, 이 책에서 다양한 이야기 구조를 창안해낸다. 분열 발생적인 이중구속에서 쩔쩔 맬 때 이를 응시하는 초맥락 증후군을 통한 해결 모색, 대칭적 및 보완적 분열발생인가를 통한 적대와 모순이 아닌 상호 의존의 방법 모색, 자극과 반응, 맥락적·탈맥락적·초맥락적인 마음 등의 지층을 시추하려는 모색, 사이버네틱스^{Cybernetics} 사유를 통한 선형적인 마음$^{계산적\ 마음}$과 비선형적인 마음 간의 관계 모색 등이 아로새겨져 있다. 이는 잡동사니와 같은 마음이 생태계를 이루어 균형과 조화를 갖게 되는 것에 대한 설명력을 높여준다. 마음에는 깊이, 높이, 넓이와 같이 입체화될 수 있는 여지가 많아서, 하나의 견고한 자아^{Ego}나 파충류의 마음이라고 할 수 있는 의식^{Conscious}으로만 설명할 수 없는 거대한 무의식의 판을 갖고 있다. 이에 따라 무의식의 판으로서 마음의 생태계는 자연생태계와 유사한 다이내믹시스템이다.

정신생태학의 문제를 그 다음으로 구체화한 것은 노르웨이 생태학자 얀 네스$^{Arn\ Naess}$의 근본생태주의, 즉 심층생태학에서부터였다. 이 근본생태주의는 전체를 응시하는 마음과 생활 양식의 변화, 문명의 전환 등을 주장한다. 즉, 광역적 자아^{Self}로서의 전일적인 관계망 아래에 자아^{self}가 위치하며 자신의 마음은 바로 전체론^{Holism}적인 관계망 속에서 고려되어야 한다는 것이다. 이는 불교생태학에서 주장하는 '전체 연결망을 응시하는 마음', '자아는 무^{無}이며 공^{空}이라는 깨달음'이라는 구도에서도 드러난다. 이러한 근본생태주의에서 주장하는 마음의 구도는 지극히 관념론적인 것도 사실이다. 그런 점에서 정신생태학의 성립 여부는 논란의 소지가 있다. 에코시스템과 전체론, 현실파와 근본파, 제도주의와 자연주의, 유물론과 관념론, 합리주의와 생태영성 사이의 간극은 역사적으로 문제를 접근하는 방법론적인 차이로 인해 무수한 논쟁을 촉발하였다.

근본파와 현실파의 차이점

이러한 에코시스템과 전체론의 차이는 녹색당에서 근본파와 현실파의 노선으로 나타났다. 먼저 전체론에 기반한 근본파는 녹색 낭만주의 혹은 근본 생태주의로 불리며, 내적 자연으로서의 마음과 욕망, 영성적이고 직관적인 행동에 대한 호소, 깨어있는 의식적인 사람들을 주체성 양상으로 드러내 보인다. 반면 에코 시스템에 기반한 현실파는 녹색 합리주의라고 불리며, 복잡성과 탄력성을 가진 자연에 대한 이성적인 사회의 상호 연관, 사회 진보와 집단과 사회 구조 내 합리성에 호소한다. 근본파와 현실 파의 철학적 차이는 분명하다. 근본파의 경우, 자연과 생명을 보존하는 것이 인간 중심주의에서 생명 중심주의로의 이행을 통해서 가능하다고 본다. 반면 현실파는 인간의 생존주의[프로메테우스주의] 확장으로서 자연과 생명의 보호와 보존이 필요하다고 본 다.

근본파의 프로그램은 생명권, 문명 전환, 풀뿌리, 살림, 생태 적 지혜[Ecosophy] 등인데 반해, 현실파의 프로그램은 협치, 에너지 전환, 동물복지, 지속가능한 발전이라는 점에서 그 적용의 방법 론에서도 큰 차이를 보인다. 동시에 근본파는 지극히 비합리주 의적이라고 치부되었던 직관과 영성, 통찰에 기반하는 데 반해, 현실파는 이성과 합리성, 비판 의식에 기반한다는 점에서도 차 이가 드러난다. 독일 녹색당의 경우 근본파에서 현실파로 급격 한 이행이 1980년 지브뤼켄 강령과 2002년 베를린 강령에서도 드러난다. 프랑스 녹색당에서는 80~90년대 '좌파도 우파도 아 닌 녹색'을 주장하는 근본파 베슈타르 진영과 '적녹연정'을 주 장하면서 원전을 찬성했던 현실파 라롱드 진영의 격렬한 논쟁 과 분열이 있었다. 그렇다고 에코시스템과 전체론의 근본적인 사상적 차이는 결코 연결될 수 없는 분열이라고 생각한다면 그것은 오산이다.

프랑스 녹색당의 창당 멤버였던 펠릭스 가타리는 정신생태학의 '생태적 지혜^{Ecosophy}'와 '주체성 생산$^{The\ Production\ of\ Subjectivity}$'의 과제, 사회생태학의 사회 변혁과 배치^{Agencement}와 관계망의 과제, 자연생태학의 '자연과 인간의 신진대사'의 문제를 통합하는 '세 가지 생태학'의 구도를 보여주면서 근본파와 현실파의 분열을 가로지르고 횡단하는 생태주의의 메타 모델을 보여주었다. 이는 녹색 구성주의 전통으로 현실파를 최소 테제로 하고, 근본파를 최대 테제로 하는 과정적이고 진행형적인 실천 양상으로도 표현된다. 즉, 생태주의자들은 현실에서 유능하고 전략에서 앞서 나가면서도 근본적인 원칙이 던지는 문제 제기에 지속적으로 민감성과 대면성을 키워나가야 한다. 에코시스템과 전체론, 물질과 정신 사이를 끊임없이 횡단하고 가로지르고 통섭$^{統攝,\ Consilience}$하는 실천이 바로 '그 일을 해낼 사람을 만드는 것', 주체성 생산의 몫인 셈이다. 에코시스템과 전체론 사이를 넘나들며 녹색운동은 성숙해 왔다. 그리고 그 사이에서 오래된 꿈과 현재의 열망 사이의 무늬와 결의 교직을 느끼게 된다.

Q 02

생태주의는 자연주의가 아니다!
자연주의와 제도주의를 포괄하는 생태주의로

자연 보호를 넘어 생태적 실천으로

한때 자연주의가 생태주의라고 착각되었던 시점이 있었다. '스스로 자自, 그러할 연然'이라는 자연의 의미대로 몸에 털이 자라듯이 자연을 그대로 두면 저절로 치유되고 잘 자랄 거라는 생각이 그것이다. 이는 자연의 신비와 영성적인 힘에 대한 생각, 자연치유력과 자가면연력 등에 대한 신념, 자생성에 대한 신화 등으로 발현되었다. 그러나 기후변화와 생명 위기 시대가 도래하면서 상황은 급변했다. 이러한 시점에서 자생성의 신화를 토대로 하여 자연을 그대로 방치한다면, 그것은 결국 파멸과 멸종으로 향할 수밖에 없다. 자연과 생명의 거대함과 위대함 앞에서 왜소하고 취약한 인간으로서 대면했던 시점은 지나갔다. 오히려 자연이 더 취약하며 연약하다는 점이 대기층, 생물권, 미생물,

동식물 군락, 해양생태계 등의 영역에서 드러나고 있는 시점이다. 이제 자연은 인간 보호와 보존의 구체적인 행동에 따라 지속가능성이 약속되는 상황에 직면해 있다. 그런 의미에서 낭만과 향수, 정감을 불러일으키던 자연주의는 더이상 생태주의가 아니다.

막대한 기후변화 시대에 생태주의가 갖고 있는 과제는 자연주의와는 달리, 인간의 개입으로서 거대 계획, 거대 프로그램, 제도 생산 등을 통한 자연 보호와 보존의 구체적인 실천과 노력이 요구된다. 이는 자연 그대로가 아닌 인위적인 인간의 개입에 따라 자연을 보존하려 한다는 점에서, 보는 이에 따라 자연 본연의 모습과 다르다고 생각할 수도 있다. 그러나 산업 사회의 전개 과정에서 벌어진 자연 파괴와 생명의 멸종 등과 관련해서는 인류가 만들어낸 구체적인 제도, 시스템, 프로그램의 개입이 요구되는 시점이다. 이를 테면 야생동물을 자연 그대로 두면 야생성에 따라 잘 지낼 거라는 자연주의 구도로부터 벗어나, 야생동물 보호구역이라는 제도를 필요로 한다. 자연을 경관이나 풍광으로 감상하면서 그대로 두면 숲은 울창해지고 갯벌과 습지가 잘 보호될 거라는 생각에서 벗어나 자연 보호구역이나 습지 보존구역 등의 제도를 필요로 한다.

이러한 제도주의 맥락에 대한 거부감이 없는 것은 아니다. 인간이 바로 환경위기를 일으킨 주범인데, 자연에 대해 인간이 다시 개입한다고 크게 변하는 게 있겠냐는 반응이 그것이다. 그러나 인간이 파괴한 것을 그대로 방치하는 게 아니라, 바로 그 인간이 나서서 복원하고 보호하려는 노력은 어느 때보다 중요하다. 현시점에서 제도를 만능열쇠로 보는 것도 문제가 있겠지만, 제도를 도외시하는 것도 문제가 될 것이다. 이제까지 제도주의와 자연주의는 늘 충돌해 왔다. 제도주의가 인간이 만든 제도의 양적 척도에 따라 자연을 바라보는 것은 자연의 신비주의와 영성주의 등을 불러일으켰던 잠재력을 도외시하는 관점이 아닌가라는 것이다. 수치나 통계 등으로 자연을 파악하려는 것에 대한 거부감이 그것이다. 그러나 제도와 시스템 등을 통하지 않고 자연의 민낯을 그대로 두었다고 해서 해결책이 생기는 것도 아니다. 오히려 자연 보호와 보존을 위한 구체적인 제도와 정책이 필요하며, 이는 자연의 잠재력을 고무하고 부추기는 판을 짜는 것과 같은 수준이라고 할 수 있다.

외부 효과의 소멸

자연과 생명은 인류 문명의 외부라고 간주되어 왔다. 이러한 외부성은 자율성과 야생성의 원천이며, 문명의 밖에 있는 것으로 사고되었다. 그러나 자연과 생명은 문명의 '내부의 외부'로서 이미 인류 문명 안에 들어와 있는 상황이다. 오히려 현시점에서 자연과 생명을 외부라고 바라보는 태도는 겉으로는 자연 친화적인 모습인 것처럼 느껴지겠지만, 사실상 자연과 생명을 보존하고 보호하려는 노력으로부터 면죄부를 받는 꼴이 된다. 성장주의 시대에는 자연과 생명은 무한하고 광활해서 이를 도구적으로 이용하고 약탈하여도 자연 치유력과 복원력에 따라 되살아나고 재생될 거라는 생각이 자리 잡고 있었다. 그렇기 때문에 기업들은 제3세계로 공장을 이전하고 이곳에 폐기물과 쓰레기를 버리면서 그 현지의 자연과 생명에게 자신의 책임을 떠넘기기도 했다. 자연과 생명에게 개발의 대가를 떠넘기면서 이윤을 남기는 것을 외부 효과$^{External\ Effect}$라고 부른다. 외부 효과는 그 당사자가 아닌 제3, 제4의 것에 영향을 주고 떠넘김으로써 이득을 취하는 것을 뜻한다.

그러나 이제는 외부 효과의 소멸, 즉 외부 소멸의 국면에 직면해 있다. 바로 개발로 얻은 이득이 생태 복원 비용보다 낮은 상황이 온 것이다. 자연과 생명이라는 외부에 책임을 떠넘김으로써 이득을 얻을 수 있는 시대는 이제 지나갔다. 마치 자연을 저렴한 비용을 지불하고도 자원으로 무한정 이용할 수 있다고 여기던 시선은 기각된다. 기후위기 시대 자연 상태를 보호하기 위해서 우리는 막대한 비용을 지불할 수밖에 없는 현실에 직면해 있다. 그러나 저렴한 자연이라는 관점은 유독 지불해야 할 비용을 지불하지 않은 채 무단 점유하겠다는 의도를 감추지 않는다. 다시 말해서 마치 식민지를 개척하던 사람들의 시선처럼, 무한한 땅과 자연에 대해 무한한 이용이 가능하다는 착각이 자리 잡고 있다. 그러나 자연과 생명은 외부에 있지 않고 문명 내부의 외부로 자리 잡고 있다. 그래서 어떻게 자연과 생명을 보존하고 보호할 것인가의 여부가 자연과 생명과 연결되어 있는 인간의 생존에도 가장 결정적인 영향을 줄 거라고 판단해 볼 수 있다.

기후위기로 인한 생물종 대량 멸종의 시대를 살고 있는 현재에, 자신의 주변에 있지 않고 멀리 있는 생명의 소멸을 어떻게 바라보아야 할까? 그것은 우리와 연결되어 있는 우리 자신의 일부를 잃는 것과 마찬가지의 상황을 의미한다. 우주에서 한 종이 사라졌다는 것이고, 결국 그것은 우리와 연결된 친구와 이웃을 잃는 것과 마찬가지이다. 생명과 자연은 우리의 외부에 있는 게 아니라, 우리 안의 생명과 자연으로 들어와 있다. 이에 대한 태도는 즉각적인 애도와 생태 슬픔으로 향할 수 있으나, 이를 통해서 제도와 시스템을 바꾸기 위한 기후행동과 같은 즉각적인 제도 수립의 노력과 행동이 필요하다. 우리는 생물종 대량 멸종의 파급 효과가 바로 인간의 종말로 시시각각 향하고 있는 전조라고 볼 수밖에 없다. 인간이 자연과 생명과 어우러져 살아가고 있는 종이라는 점에서, 우리는 외부로 취급했던 자연과 생명을 보호하고 보존하는 노력이 얼마나 중요한 것인지를 알 수 있다. 다시 말해 인간으로서의 우리 자신을 지키기 위해서라도 생명과 자연을 보호하는 노력이 필요하다.

외부의 소멸 이후의 인류 문명의 변화

외부의 소멸은 결국 성장 동력이 뚝 떨어지는 상황을 의미한다. 로마클럽의 『성장의 한계[1972]』라는 보고서는 지구의 한계, 자연의 한계, 생명의 한계를 명확히 했다. 그 보고서의 파문은 무한 성장과 무한 진보를 약속하는 성장주의 시대에 자원-부-에너지로 간주되어 왔던 생명과 자연의 한계를 분명히 했다는 데 의미가 있다. 특히 현재와 같이 기후변화 상황이 문명의 전환을 시급히 촉구하고 있다. 다시 성장주의 시대로 돌아간다는 것은 인류에게는 파멸적인 결론밖에 기다리고 있지 않다. 그런 점에서 인류는 자연과 생명을 더이상 그대로 두면 잘 성장하는 자원으로 볼 것이 아니라, 우리가 보존하고 보호하면서 함께 공생할 길을 찾아야 할 시점에 와 있다.

외부의 소멸로 인해 인류 문명의 양상은 급격히 변하고 있다. 갑자기 자본이 외부로 향할 수 없게 되자, 내부로 눈을 돌려 공동체와 집단 지성, 골목상권, 오픈소스 등을 먹잇감으로 여기는 질적 착취의 단계로 이행했다. 이러한 국면은 마을 만들기나 문화예술의 발흥을 임대료 상승과 연결시키는 젠트리피케이션Gentrification이나 대기업의 골목상권 진출, 제1세계와 제3세계 간의 분리 차별, 플랫폼 내에서 웃고 울고 즐기며 정동을 발휘하면 그 이득은 모두 플랫폼이 가져가는 '코드의 잉여가치 국면'이라고 할 수 있다. 다시 말해 외부에 대한 양적 착취가 불가능해지자, 내부에 대한 질적 착취로 이행한 것이다. 이러한 코드의 잉여가치 국면에서 여전히 물질발자국이 줄지 않고 있는 것은 단연코 제3세계의 자원 채굴과 광물 추출 등에 기반하고 있기 때문이다. 이는 저렴한 자원의 원리에 따라 아주 헐값에 이루어지고, 제3세계의 자연과 생명을 여전히 파괴하고 죽이고 있는 상황이다.

또 일각에서는 갑자기 화성을 개척한다는 등의 허황된 계획이 등장하기도 했다. 그러나 지구는 인류의 집이자 고향이다. 이곳을 떠날 수 없으며, 자연과 생명과 더불어 문제의 해결 방안을 찾아나가는 구체적인 실천 방안과 프로그램이 요구되는 시점이다. 자본주의 문명에 살고 있는 사람들은 망상에 가까운 과학 기술의 신화를 찬양하면서 자신의 집이자 고향인 지구를 떠난 미래 사회를 꿈꾸기도 한다. 그러나 지구라는 행성 속에서 살고 있는 우리와 연결된 자연과 생명에게 귀기울일 때 우리는 전환의 가능성과 가까워질 수 있다. 기후변화가 급격히 진행되고 있는 현시점에서 우리에게 시간이 얼마 남아 있지 않다. 전환 사회로의 이행에서 생태주의가 해야 할 몫이 매우 크다.

Q 03

사회가 복잡하다는 것이 곧 다양한 것은 아니다!
기후위기 시대에 루만의 복잡성 감축을 다시 생각하기

복잡한 사회, 다양한 사회

현대 문명은 다양성이 존중되고 복잡해진 사회라고 말한다. 그런데 다양성과 복잡성을 동급으로 놓고 보는 것에 의문을 가질 수밖에 없다. 겉으로 보면 사회는 무척 복잡한 것만 같다. 셀 수도 없는 미디어의 방송 프로그램들, 종류도 많은 상품들, 기능조차도 알 수 없는 전자제품 등이 그것이다. 그러나 조금만 더 생각해 보면 복잡하다는 것이 다양하다는 것과는 차이가 있음을 금방 알 수 있다. 이를 테면 TV 프로그램들의 종류는 굉장히 다양하지만, TV를 본다는 경우의 수는 같다. 종류도 많은 과자와 식료품을 먹게 되지만, 그 재료가 되는 옥수수, 팜유, 밀가루 등의 경우의 수는 한정되어 있다. 기능도 알 수 없는 전자제품을 쓰고 있지만, 그것을 구동시키기 위해서 화력발전소에서 나오는 전기를 쓴다는 것은 동일하다. 다시 말해 복잡하다는 것이 선택할 수 있는 경우의 수를 반드시 늘리는 것만은 아니라는 얘기다.

바야흐로 '기후위기 시대'가 개막되었다. 한편에서는 다양한 경우의 수가 기후위기라는 하나의 거대한 핵심 변수에 협착狹窄되어 대폭 줄어들고 있다고 말하는 사람이 있다. 반면 다른 한편으로 4차 산업 혁명으로 불리는 과학 기술의 발전과 도시 사회의 복잡화로 인해 경우의 수가 되레 늘고 있다고 말하는 사람도 있다. 어느 말이 진실일까? 우리는 경우의 수 자체가 행동, 언어, 마음을 결정하는 선택지로서의 특이점Singularity이라는 점에 주목해야 한다. 우리는 다양한 선택을 하는 것 같지만, 사실상 특이점의 경우의 수의 제한 속에서 살아가고 있다. 지금-여기 자유롭게 산다고 생각하는 것에는 역사적이고 사회적으로 만들어진 특이점들을 소비하고 소모하면서 지내는 것에 불과하다. 결국 특이점 설립 자체를 하는 태도는 다음 세대에게 다양한 경우의 수를 만들어주는 것이라고 할 수 있다.

도시 사회의 복잡성

이렇게도 생각해 볼 수 있다. 도시를 살면서 교통법규, 쓰레기 분리수거, 아파트 규약 등 사회 제도는 복잡화되지만, 우리는 더욱 개인으로 분해되어 원자화되고 있다는 점이 드러난다. 관계의 경우의 수는 줄고 있는 셈이다. 즉, 우리는 복잡하게 기능 분화된 사회 제도에서 권리^{권력}를 가진 소비자이자 시민 한 명일 뿐이다. 우리가 기능이 아닌 관계를 통해서 문제를 해결해 왔던 감수성과 감각을 잃어가고 있는지 반문해볼 시점이다. 관계는 하나의 모델로서의 기능에 기반하기 보다는 다양한 모델을 넘나드는 다기능적인 요소를 갖고 있다. 다시 말해서 친구의 돌봄이라는 관계의 형태를 두고 보더라도 돈을 내지 않아도 되고 시간 제한도 없이 심리상담, 정신분석, 인지치료, 명상, 선수련 등의 여러 가지 기능을 한꺼번에 담고 있는 돌봄을 수행하고 있음을 알 수 있다. 그러나 도시 사회에서 친구가 없다는 것은 다기능적인 관계의 혜택을 얻을 수 있는 특이점이 없음을 의미한다. 그런 점에서 거대하면서도 복잡화된 도시 사회는 익명의 낯선 개인들이 모인 무차별 사회, 도리어 획일적인 사회를 의미할 뿐이다.

물론 처음부터 도시 사회가 그랬던 것은 아니다. 초기 자본주의 시대에 농부들이 농토를 떠나 자유도시에 가서 가게점원, 의사, 변호사, 노동자 등으로 다양하게 재의미화되어 경우의 수를 늘렸다. 그래서 농부들의 입장에서 자유도시는 다양한 선택지를 갖고 있는 별천지와 같은 곳이었다. 여기서 농촌 사회는 다기능적이고 전일적이고 통섭적이었던 반면, 자유도시는 기능 분화되고 복잡화된 질서였다. 그 과정에서 자유도시에는 골목 상권과 도시와 지방을 잇는 전통 시장, 사회적경제 등이 발아하고 들끓는 도가니가 될 수 있었다. 골목상권의 득이점들 산의 시너지 효과는 내발적 발전^{Endogenous Development} 전략으로도 불리는 승수효과^{Multiplier Effect}를 만들어낸다. 철물점 주인이 이발소 주인에게

만 원을 쓰고, 이발소 주인이 목욕탕 주인에게 만 원을 쓰고, 목욕탕 주인이 안경점 주인에게 만 원을 쓰는 내부자 거래 형태로 순환되는 만 원은 만 원 이상의 승수 효과를 갖고 있다. 그러나 오늘날 메가시티의 등장은 3M$^{Mall,\ Mart,\ Multiplex}$이라는 통속적이고 복잡하지만 획일화된 질서로 흡수되고 수렴되고 있는 중이다. 마트나 몰에서 만 원을 쓰면 만 원은 만 원에 불과하고 공동체 내부에서 돌지 않는다. 다시 말해 자원-부-에너지의 블랙홀인 셈이다.

복잡계와 콤플렉스 배치

생태학에서 복잡계 논의는 여러 경우의 수를 갖고 하나의 인과관계만이 아니라 다양한 상관관계가 지도를 그리는 다이내믹시스템으로써의 의미를 갖는다. 그런 점에서 복잡계는 도리어 복잡성이 아닌 다양성을 기반으로 한다. 그런데 여기서 '콤플렉스^{Complex}'라는 개념이 갖고 있는 심리학에서의 위상은 다양성이 갖는 설명 방식과 차이를 갖는다. 지그문트 프로이트$^{Sigmund\ Freud}$를 비롯한 심리학에서의 콤플렉스는 하나의 문제에 사로잡히는 것, 즉 협착 속에서 다양한 심리적 복잡성을 띠는 것을 의미한다. 그래서 우리가 어떤 콤플렉스에 직면한다는 것은 하나의 지점에 사로잡혀 여러 가지 복잡한 생각을 하는 것이지, 그것으로부터 벗어날 방법을 그 내부에 갖고 있는 것은 아니다. 다시 말해서 하나의 지점에 사로잡힌 콤플렉스와 달리, 생태계는 다양한 특이점들을 넘나들고 이행하고 횡단하는 것을 통해서 자율성을 획득한다는 점에 차이가 있다.

프랑스 철학자 쥘 들뢰즈Gilles Deleuze와 펠릭스 가타리는 콤플렉스라는 개념에 변형과 수정을 가해서 배치라는 개념을 대안으로 제시한다. 여기서 배치는 구조처럼 불변항이 아니라, 관계 맺기의 방법을 바꿈으로써 수정될 수 있는 인간과 비인간이 어우러진 관계망이자 동적 편성과 행렬, 배열 등을 의미한다. 어떤 부분에 협착되어 심리적 복잡성을 갖는 것은 결국 배치를 재배치함으로써 해결될 수 있다. 즉, 그것이 복잡한 심적 원인을 갖고 있느냐의 여부가 중요한 게 아니라, 경우의 수로서의 배치라는 실질적인 관계를 바꾸느냐가 더 중요하다. 다시 말해서 복잡한 생각보다는 배치를 바꿈으로써 마음, 언어, 행동을 바꾸는 게 필요하다. 그 특이점은 다양한 경우의 수를 가진 판이라고 할 수 있다.

배치를 바꿈으로써 마음을 바꾸는 것은 언제든 가능하다. 마음이라는 것은 배치에 들러붙어 있는 잡동사니와 같기 때문이다. 사물과 관계의 배치만 바꾸어도 마음은 슬그머니 바뀐다. 특히 자신이 사로잡힌 지점을 바꿔주면 마음은 자유롭게 다른 것으로 이행한다. 그런 점에서 배치는 불변항의 구조처럼 전부 바꾸지 않으면 안 되는 게 아니라, 내적 자리바꿈을 통해서 슬그머니 바뀌는 다양성의 판이다. 또한 배치에 따라 말이나 언어도 바뀐다. 가게점원에게 말하듯 이내에게 말할 수 없다. 언어는 배치가 갖고 있는 강렬도에 따라 무언의 춤을 추듯 생겨나는 부수 효과이다. 우리는 그 언어가 권력의 배치에 따르는 것인지, 사랑과 욕망, 돌봄의 배치에 따르는 것인지를 금방 식별해 낸다. 또한 배치는 행동을 바꾼다. 심리치료 상담을 받으면서 행동 교정을 하는 것은 삶의 현장과 괴리된 진공상태의 상담실 내에 있어서는 안 된다. 상담실에서는 해방의 느낌을 받겠지만, 기존 배치로 돌아가면 금방 도로 그전으로 돌아갈 것이기 때문이다. 결국 배치와 행동을 동시에 바꾸는 실험과 실천이 필요하다.

복잡성 감축을 통한 단순하지만 다양한 것으로

독일의 사회학자 니클라스 루만$^{Niklas\ Luhmann}$은 '복잡성 감축'이라는 개념을 말하는데, 복잡한 문제 자체에 하나하나 복잡하게 대응하는 게 아니라, 단순한 해결 방안을 구사하는 게 필요하다고 본다. 그런 점에서 복잡화된 도시 사회의 시스템과 제도, 프로그램을 따라가면서 그것에 일일이 대응하는 게 아니라, 비교적 단순하며 공동체의 관리와 통제권이 미치는 대안이 필요하다. 마치 그리스 신화 고르디아스의 매듭$^{Gordian\ Knot}$처럼, 고르디아스 왕이 매듭을 풀 수 없다고 생각한 순간 알렉산더가 단숨에 매듭을 잘라버리는 시원한 순간이 찾아 올 수도 있다. 다시 말해 복잡한 제도와 시스템의 문제 속으로 빠져드는 것보다 '관계 맺기의 방식' 자체에서 단순하게 문제의 해결책을 찾는 것은 언제든 가능하다. 우리는 삶의 습관을 바꾸는 것이 복잡한 기능조차 알 수 없는 가전제품을 사는 것보다 중요한 것일지도 모른다.

 어쩌면 이 복잡한 문명의 해법은 단순한 것에서 찾을 수 있을지도 모르겠다. 소농이 되는 것, 나무를 심는 것, 재생에너지를 사용하는 것 등 단순하지만 경우의 수를 늘리는 것은 충분히 많다. 단순하지만 선택할 수 있는 경우의 수를 만들어내는 것, 즉 복잡한 사회가 아니라 다양한 사회를 만들어내는 것이 필요하다. 여기서 짐작하였듯이 경우의 수가 바로 배치이다. 우리는 기후위기 시대를 콤플렉스에 사로잡혀 쩔쩔 맬 게 아니라, 단순하지만 경우의 수라고 할 수 있는 주변과 이웃, 가족과의 관계를 회복하는 것으로부터 시작해야 한다. 이를 통해 기후위기를 극복하는 작은 단서, 아이디어를 찾을지도 모르겠다. 그런 점에서 복잡하게 생각하지 말고 다양해지자. 관계를 통해 다양성을 생산하자.

Q 04

생태계는 환경결정론을 따르지 않는다!
생태계의 회복탄력성의 비밀은 서로 의존하는 생명

상호 참조하는 생명과 환경결정론의 무력화

학술논문을 쓸 때 두 연구자가 서로를 인용해 주면서, 자신의 논리에 객관적인 근거가 없음에도 마치 근거가 있는 것인 양 여기게 만드는 것을 '상호 참조의 오류'라고 한다. 연구윤리에서 일종의 검은 뒷거래로 지칭되는 상호 참조의 오류와 달리, 생태계의 상호 참조의 과정 즉, 하나의 생명이 다른 생명에게 환경이 되어 주는 바는 시너지를 발휘하는 매우 긍정적인 역할을 한다. 이제까지 환경결정론은 정확히 계측 가능한 외부 환경의 입력과 출력에 따라 생명이 반응한다는 설정으로 이루어져 왔다. 그러나 생명에게는 환경이 지시하고 명령하는 바를 감광판처럼 그대로 보여주는 게 아니라, 그 내부에 자기생산 Autopoiesis하는 내부 작동이 있고, 하나의 생명과 다른 생명이 서로 의존하여 생태계를 조성할 수 있는 잠재력이 있다.

그래서 생태계에서는 환경결정론과 같이 환경이 결정적인 외부 명령자가 아니라, 생명 자율성의 여지가 남아 있는 셈이다. 생명 활동은 스스로를 만드는 데 대부분의 자원과 에너지를 사용하지만, 그 자기생산 과정 자체가 자율성이다. 또한 생명은 다른 생명에 의존할 때 마치 자신이 환경이라도 되는 양 입력과 출력을 할 수 있다. 다시 말해서 생명과 생명, 사물과 사물은 연결되는 과정을 통해서 강렬한 상호 작용을 함으로써 환경을 대신한다. 잘 생각해 보면 우리 자신에게도 환경이 되어준 다른 사람이 있다. 부모님, 친구, 형제, 이웃 등이 그런 사람이다. 그러한 지지대는 우리의 강건한 삶의 지반이자, 사실상 입력과 출력에 좌우되는 무차별적인 외부 환경이 아니라 또 하나의 내부 환경인 셈이다.

환경결정론의 시각에서 입력과 출력은 철저히 함수론적인 방향성에 따라 작동한다. 10이 입력되면 다시 10이 되어 출력되는 식이다. 함수론은 '1+10=11'이라는 수식으로 표현될 수 있다. 그런데 우리가 주목할 점은 11이 다시 1+10이 되려면 어떠해야 하는지에 대한 역치의 부분이다. 결국 함수론을 뒤집어 보면 확률론이 발생된다. 즉, 환경결정론에 따라 생태위기로 향하는 문명의 작동은 철저히 함수론과 집합론에 따르지만, 이를 해결하고 생태계 보존과 생명 보호로 향하려고 한다면 확률론과 재귀론再歸論으로 향할 수밖에 없다는 점이 드러나는 대목이다. 다시 말해 환경을 파괴하는 방향성은 '산술적 수'로 이루어진다면, 환경이 회복탄력성을 갖는 방향성은 경우의 수로 이루어진다. 즉, 다양한 경우의 수로서의 선택지가 있어야 생태계가 재생되고 순환할 수 있는 능력을 갖게 된다. 결국 생태복원력을 갖추기 위해서는 상호 의존하는 연결망과 더불어, 연결 속에서 선택할 수 있는 특이점으로서의 다양한 생명과 개체들이 함께 있어야 하는 셈이다.

확률론과 추첨제민주주의

이제까지 문명은 자본주의라는 함수론과 사회주의 노동자 계급론과 같은 집합론이라는 통속적인 방식을 통해 환경 파괴적인 방향성으로 향해 왔다. 그러나 양자역학이 개방한 미시적인 세계의 확률론적인 질서는 통속적인 문명의 논리와 다른 경로를 살짝 보여준다. 그 역사적 기원은 고대로까지 이른다. 이를 테면 고대 그리스 아테네에서 비중 있는 대표와 관료를 뽑을 때 가위바위보나 제비뽑기를 했던 추첨제민주주의 사례가 그것이다. 이는 엘리트와 지식인들만이 진리를 안다는 것이 아니라, 모든 사람에게 진리가 전제되어 있다는 시각이 있었기 때문에 가능한 것이었다. 이는 대의제민주주의가 아닌 추첨제민주주의 방식의 생태민주주의를 개방한다. 추첨으로 뽑혔기 때문에 권리와 책임이 없는 게 아니다. 모든 사람이 대표나 관료가 될 자질이 있다는 것을 의심하는 사람도 있을 수 있다. 그러나 최근의 국민참여재판에서 배심원이 추첨으로 뽑혀서 운영되는 데도 대법원 판결과 일치하는 비율이 거의 90% 이상이라는 점에 주목해야 한다. 민주시민으로서의 역량을 가진 사람들이라면 충분히 추첨을 통해서 대표나 관료가 될 자질을 갖고 있는 사람이라는 낙관과 믿음이 필요한 이유가 여기서 제기된다.

이러한 추첨제민주주의는 서울시의 각급 협치의 현장이나, 녹색당 대의원 선발 등의 방식으로 오늘날에도 이미 현실 속에서 작동하는 직접민주주의 양상이다. 산술적 수가 아닌 경우의 수로서의 확률론적 질서가 의미하는 바는 무엇인가? 요즘 같은 저성장 시대에는 과거 성장주의 시대처럼 우발적으로 외부에서 찾아오는 산술적 수로서의 고객이 없다. 그렇다면 경우의 수로서의 고객, 즉 커뮤니티 비즈니스가 해결책일 수밖에 없다. 다시 말해 관계를 통해서 만들어진 고객을 초대하고 대접하는 일련의 과정이 우발적으로 찾아오는 고객을 기다리는 것보다 더 우선일 수 있다. 최소한 네트워크, 인터넷 카페, 카톡 등에서 문자라도 오갔던 사람들은 이미 관계를 맺고 있는 사람들이다. 그런 점에서 길을 휙휙 지나치다가 우연히 들르는 사람들을 환대로 맞이하는 관계를 만드는 과정이 커뮤니티 비즈니스의 환대에서 우애로의 전략이기도 하다.

불본 함수본에 따라 만들어진 대의제민주주의로서의 선거나 국민총생산^{GDP}과 같은 산술적 수의 척도 역시도 여전히 존재한다. 그리고 추첨제민주주의가 작동하던 고대 그리스에도 플라톤과 같은 철학자는 진리를 미리 전제된 게 아니라, 논증과 추론의 결과물이라고 여기면서 엘리트주의를 신봉하고 독재를 친앙하고 독재사상에 기반한 현존 아카데미를 설립한 바도 있다. 플라톤은 파라오라는 왕을 신봉했던 철학자로, 실지로 민주주의의

적이었던 왕정이 복원되기를 바랐던 사람이다. 현존 아카데미가 이러한 반동적인 철학자에 의해서 만들어졌다는 점은 성장주의, 자본주의를 유지하기 위한 원리로서의 엘리트주의를 고수하고 있는 시스템이라는 점을 보여준다. 우리는 GDP가 늘어나는 것과 같은 함수론적인 질서를 그대로 유지하려고 한다면, 생태적 다양성이나 생물종 다양성이 심각하게 훼손되는 환경위기에 처하게 된다. 이에 따라 생물종 대량 멸종과 같이 경우의 수로서의 선택지가 사라져 문명과 생태계의 회복탄력성은 크게 위기에 처할 수밖에 없다.

다시 생태계의 회복탄력성으로

상기하자면, 따로 떨어진 100그루의 나무보다 서로 연결되어 생태계를 이룬 50그루의 나무가 외부 환경에 항상성이 높다는 얘기가 있다. 이는 상호 의존하는 연결망의 중요성을 의미한다. 더불어 50그루 나무 중 하나의 나무가 다른 나무들에게 일방적으로 영향을 받기만 하는 게 아니라 오히려 환경이 되어 줄 수도 있는 만큼 강건한 생명의 특이점이 될 필요도 있다는 얘기다. 결국 이것은 문명이 선택할 경우의 수 하나하나가 강건한 특이점으로서의 생명들에게 달려 있음을 의미한다. 그리고 그 생명들 하나하나는 그저 산술적인 수로서의 하나가 아니라, 경우의 수로서의 선택지 중 하나가 된다. 이에 따라 생태계의 회복탄력성은 다양한 경우의 수가 연결되고 상호 의존할 때 비로소 작동하게 된다.

  그런 점에서 우리의 생태주의 실천은 강건한 사랑, 욕망, 정동, 돌봄의 반복을 통해 특이점을 설립할 필요가 있다. 이러한 특이점들은 다른 사람들에게 또 하나의 환경이 되어줄 사회생태계의 선택지 중 하나이기 때문에 그러한 노력은 변화의 시작이다. 이러한 특이점 설립의 전략은 사랑, 욕망, 정성, 돌봄이라는 에너지와 힘을 반복해서 가할 때, 어느 시점에서 실물이 되는 지점을 만들기 위한 전략이다. 이는 알 수 없는 주문을 반복적으로 외우며 치성을 다했던 우리네 선조를 생각하게 하는 대목이다. 물론 정성을 다하고, 돌봄을 다하면 그것은 어느덧 선물^{Gift}라는 실물이 되어 돌아오는 경우도 있다. 이러한 사랑, 욕망, 정동의 반복이 계속 투여되는 특이점은 생명이고, 미래 세대고, 자연이어야 한다. 그리고 그 특이점 하나하나가 문명의 선택지가 되어 회복탄력성을 높여야 한다.

분자 혁명, 떡갈나무 혁명, 네트워크 혁명

펠릭스 가타리는 작은 변화가 사회생태계에 돌이킬 수 없는 변화를 초래하는 '분자 혁명'을 주창했다. 우리 자신부터 바꿈으로써, 사회 화학적인 반응을 만들어 전체 사회에 심원한 변화의 시작이 될 수 있음을 의미하는 바다. 이는 네트워크 혁명에서도 다시 한 번 그 면모가 드러난다. 네트워크는 일체화된 사회 구조와 같은 거대 기계에 종속된 게 아니라, 작은 기계부품의 기능 연관에 따라 연결된 기계체로서 존재한다. 그때 하나의 기계부품이 다른 작동으로서의 강건한 반복을 할 때 그 주변에 있는 다른 기계들은 고장나거나 심원한 영향을 받게 된다. 동시에 그것은 거대한 기계체들 사이에서 파급되어 눈덩이 효과를 갖게 된다. 이것이 네트워크 혁명이다.

  동시에 우리는 도토리 하나가 울창한 떡갈나무 숲을 이루는 여정을 상상해 볼 수 있다. 그것은 생태계의 천이 과정이라고 불리는 것으로도 사고될 수 있지만, 하나의 특이점으로서의 도토리가 생태계의 심원한 변화를 가할 수 있다는 떡갈나무 혁명의 상상력을 자극한다. 이렇듯 환경이 아무리 열악해도 그것은 결정적이지 않다. 우리 옆에 강건히 살아가는 사랑하는 사람이 있고, 생명으로서의 우리 자신이 그 사랑하는 사람에게 또 다른 환경이 될 수 있기 때문이다. 그런 점에서 환경결정론 속에서 비관하는 사람이라면 자신부터 새로운 환경의 특이점 하나를 설립할 필요가 있다.

Q 05

근본생태주의는 에코파시즘인가?

기후위기 시대에 발호하는 인간 혐오

기후위기와 인간 혐오

기후위기가 심각한 국면으로 들어가기 시작하자, 문제를 자본주의와 성장주의로 보는 게 아니라, 오만한 인간 일반으로 보는 시각이 확장되고 있다. 다시 말해서 인간 자체가 문제가 있다는 것이고, 인간중심주의에서 생명중심주의로 이행해야 한다는 것이다. 곳곳에서 팬데믹에 직면하여 코로나 바이러스를 인간을 무찌를 지구의 파견부대라고 하기도 하고, 인간은 틀렸다는 반응을 쉽게 보이는 시각도 심심치 않게 들리고 있다. 보편적인 인간 자체로 보는 이러한 시각에는 문제는 없을까? 인간이라는 종 자체를 쉽게 포기히는 사람들 자신은 인간이 아닌가? 왜 생명중심주의로서의 이행에서 유독 생명 일반에 인간을 빼고 말하려고 하는가? 이런 문제점은 도처에 드러나고 있다.

물론 기후위기는 인류 문명 전반을 심각하게 위협하는 직접적인 원인이 될 것이다. 그러나 인류 문명 자체의 역사적이고 사회적인 모든 영역을 포기하면서, 문제를 해결할 수 있는 것은 아니다. 문제를 일으킨 당사자인 인간이 성장주의와 자본주의를 극복하기 위한 체제 전환의 실천가가 되어야 하기 때문이다. "다 끝난 일이다. 인간에게 미래가 없다"라고 손쉽게 답을 내리고 있는 사람들의 모습은 미래 세대 자체의 실존을 위협하는 기후위기를 극복하기 위한 기후행동조차도 포기하고 있는 형국이다. 그러한 태도 자체야 말로 가장 쉬운 방법일 수밖에 없다. 그러나 제도와 시스템, 프로그램, 체제 전반에 개입해 들어가면서, 기후위기의 대안을 만들기 위해서 부심하고 노력하는 실천가들의 모습에서는 인간 일반의 문제보다는 자본주의 체제, 즉 성장주의 시스템이 더 문제라는 시각이 지배적이다.

이러한 인간 혐오의 시각은 에코파시즘의 기본적인 토양을 제공한다. 파시즘의 기원이 되었던 도구주의적 파시즘은 인간이 생명을 도구화할 때, 신체로 연결된 소수자^{Minority}를 차별하고, 이주민을 혐오하고, 장애인을 분리하고, 노동자를 착취하는 바로 향한다는 문명 전반의 문제점을 말한다. 반면 에코파시즘은 인간중심주의에서 생명중심주의로의 이행에 따라 생명의 권리와 존엄을 위해서 인간을 배제해야 한다는 역전된 논리로 향한다. 결국 분리주의파시즘과 에코파시즘이라는 극단주의, 원리주의, 근본주의가 아니라, 현재의 사회 현실을 바꿀 수 있는 구체적인 행동과 실천의 아젠다가 필요하다. 두 파시즘 모두 가장 손쉬운 해결책이나 방법에 기반하여 인간을 대상화하고 있다는 점에서

비슷한 지평에 놓여 있기 때문이다. 보다 섬세한 배려와 깊은 성찰이 필요한 부분에 대해 손쉽게 "그럴 것이다"라고 말하는 것 자체가 체제 전환과 문명 전환을 위해서 어떠한 노력도 하지 않겠다는 점을 의미할 뿐이다. 그런 점에서 문명의 추이나 사태가 돌아가는 방향에 쉽게 천착해서 단정내리기 보다는 깊이 있는 성찰과 용기있는 실천이 필요한 시점이다.

근본생태주의는 인간에 대한 뺄셈인가?

근본생태주의를 한국 사회에 알린 것은 지율스님의 도롱뇽 소송과 100일 단식이었다. 성장주의의 속도전이 고속철도를 놓아 천성산을 뚫고 지나갈 터널을 만들려고 할 때, 지율스님이 홀연히 등장하여 이에 항거하기 시작했다. 지율스님의 단식은 한국 사회에 엄청난 파장을 만들었다. 그리고 근본생태주의의 마음의 운동이 지상에서 논의되었던 첫 계기였다. 생명권을 중시하는 사람은 인간을 뺄셈하는 등의 손쉬운 방법이 아니라, 인간을 포함하여 생명으로 확장된 시각을 보인다는 점은 분명하다. 생명과 자연을 향해서 확장된 시각은 인간을 포기하는 손쉬운 판단을 하는 에코파시스트들과는 어떠한 관련도 없다. 오히려 자본주의 문명 자체에 대한 문제 제기의 방식 중 하나로 마음의 운동, 영성의 운동을 중시하는 것에 다름 아니다.

    그러나 기후위기의 도래는 근본생태주의를 굴절시키는 방향으로 나아가고 있음은 분명하다. 기존 근본생태주의자 중에서 에코파시즘으로 선회한 사람들조차도 있으니 말이다. 그것은 분명 잘못된 판단 중에 하나다. 생명 살림, 생명 평화의 세상을 만들기 위한 영성적인 성숙의 계기는 바로 현실 자체에서 어떤 행동과 실천을 할 것인가에 달려 있기 때문이다. 근본생태주의 운동의 계열 중 하나인 불교에서의 기후행동 촉발은 매우 고무적인 사건이 아닐 수 없는 이유가 여기에 있다. 결국 마음의 운동, 영성의 운동은 현실 변화를 위한 준비 동작으로서의 마음가짐, 마음을 응시하는 마음, 마음의 생태계를 만들어나가는 것이라고 할 수 있다. 보다 더 적극적으로 행동하기 위한 시작은 우리의 마음에 있기 때문이다.

조애나 메이시의 『생명으로 돌아가기2020, 모과나무』의 출간은 근본생태주의운동의 과거, 현재, 미래를 조명하는 새로운 계기가 되었다. 내용은 근본생태주의의 깨달음 과정인 '우리는 연결되어 있다'라는 지점에 관한 것이다. 동시에 잘못된 연결 방식을 교정할 재연결 작업으로서의 자연과 생명에게 고마움과 감사를 느끼며 함께하는 마음의 수련법과 워크샵 등이 망라된다. 연결된 전체 중 하나인 자신의 위치와 배치를 깨닫는다는 것은 오만과 자만이 아닌 겸손과 배려로 향하게 한다. 그러나 마치 백지장 하나 차이와 같이 근본생태주의가 에코파시즘으로 전환할 수 있는 점은 여전히 숙제로 남는다. 아주 쉽게 생각하고, 쉽게 판단하고, 쉽게 결정한다면 그 위험은 고스란히 무심결에 나타나기 때문이다.

마음과 영성의 문제와 제도와 시스템의 문제

생태영성은 비교적 너와 나 사이에 어떠한 모호한 혼재면混在面이 있다는 점에서, 그것이 나로부터 기인했는지, 아니면 그 대상이 나로 하여금 하게 만들었는지를 주의깊게 살피는 과정이라고 할 수 있다. 마음에는 생명에게 유래된 마음, 사물에게 유래된 마음, 기계에게 유래된 마음과 같이 다양한 마음이 들어와서 잡동사니처럼 자리 잡고 있다. 이를 가지런히 정동, 배열, 배치, 정렬하는 것은 우리 마음의 생태계의 문제이자, 마음을 응시하는 마음의 문제이기도 하다. 이렇듯 생태영성의 차원에서는 마음이 견고한 자아Ego의 산물이 아니라, 다양한 마음의 상호 의존의 생태계가 존재한다는 점에 대한 응시이다. 그렇기 때문에 연결된 마음을 살피고, 견고한 자아의 마음을 움직이도록 만드는 마음의 운동으로서 근본생태주의운동이 필요하다. 특히 한국 사회는 고속 성장이 만들어낸 성장주의, 개발주의, 토건주의가 깊이 뿌리박힌 사회이기 때문에 성장을 위한 성공, 승리, 자기계발, 속도, 효율성이 최선이라는 마음에서 한 치도 벗어난 적이 없는 상황에 놓여 있다. 그러한 견고한 고정관념으로부터 벗어나기 위한 마음의 운동은 이제 시작 단계에 놓여 있다.

마음을 변화시키기 위해서는 제도와 시스템의 변화 역시 요구된다. 그런데 제도와 시스템이 바뀌기 위해서는 제도 생산의 과정이 필요하다. 그렇다면 어떻게 제도를 생산하는가? 그 주체성은 누구여야 하는가? 제도는 어떻게 작동하는가? 이런 문제를 살펴본다면, 제도 역시도 관계망의 일종이기 때문에, 우리의 관계 맺기 방식의 변화가 필요하다는 점이 드러난다. 그리고 관계 맺기를 바꾸기 위해서는 우리의 마음가짐에서 심원한 변화가 필요하다. 그렇기 때문에 마음과 영성의 운동은 제도와 시스템의 변화에 소홀하게 대하는 것이 아니라, 성장주의와 자본주의로부터 벗어나기 위한 제도와 시스템의 창안에 적극적으로 나서야 한다. 그러므로 주체성 생산 과정, 즉 마음이 변화하는 과정이 선행되어야 제도와 시스템이 변화할 수 있다는 점이 드러난다.

인구수 문제의 허구성

근본생태주의자들 중에서 에코파시즘에 경도된 사람들이 더러 돌출 발언으로 논란을 만들어낸다. 그 중에서 미국의 급진적 환경 단체인 어쓰 퍼스트Earth First의 앤 트로피 여사와 같은 사람이 기아와 에이즈가 인구수 감소에 도움이 될 것이라는 발언을 해서 파문을 일으켰다. 근본생태주의자들 중 인구수 문제를 따지는 사람들에게는 기후불평등이나 기후정의의 부분은 전혀 시야에 보이지 않는 듯이 발언한다. 그러나 제3세계 민중들이 변변한 수도, 전기, 가스 등의 사회 기반 시설 조차도 안 되어 있는 환경에서 살아가고 있는 현재의 상황에서 이러한 인구수 문제를 따지는 것은 불평등한 현실 자체를 완전히 제거한 채 순전히 양적인 관점에서 평면화하여 바라보는 것이라고 할 수 있다.

이를 테면 한국의 탄소배출량은 13억 명이 운집해 있는 서남아프리카 이남보다 많으며, 이는 탄소 배출의 책임에 있어서 인구수보다는 인구당 탄소배출량을 따져봐야 한다는 점을 의미한다. 한국은 지금 세계 6위의 인구 당 탄소배출량을 보이는 나라이다. 결국 인구수 문제를 다루는 에코파시즘의 시각은 기후위기가 모두의 책임이라는 시각으로부터 한 치도 벗어나지 못한다. 그러나 제1세계, 다국적 기업, 석탄화력발전소 등의 책임이 더 막중하다. 이를 테면 다국적 기업 중 100대 기업이 세계 탄소 배출의 71% 정도를 차지하고 있다는 보고도 있다. 탄소 배출의 책임이 없는 제3세계 민중들이 기후위기의 최대 피해자가 되고 있는 현재의 부정의한 상황에서 기후정의를 얘기해야 할 판국에 인구수를 문제 삼는 것은 본말이 전도된 발언이다.

문제는 팬데믹에서도 그대로 재현된다. 지구를 위해서 인구수를 줄이기 위한 자정 작용으로 코로나 바이러스를 바라보는 시각이 갖고 있는 문제점은 의료시설이나 위생, 영양 등이 문제가 되는 제3세계와 고령층에서 가장 최대 피해를 남기고 있는 상황을 도외시하고 여기서도 마찬가지로 인간종에 혐오를 보인다는 점에 문제가 있다. 결국 팬데믹의 최대 피해자들인 고령층은 "죽을 사람 죽어야 한다"라는 식의 사회적 약자를 향해 혐오 발언을 서슴치 않는 에코파시즘적인 발언은 심각한 문제가 될 수 있다. 결국 그것은 손쉽게 사태를 파악하고 무심결에 발언하는 방식으로 에코파시즘의 유혹에 굴복히여 발언을 내뱉는 것이리고 할 수 있다. 그러나 모든 생명은 존엄하며 생명이 살기 위한 몸부림은 그 존엄 자체를 위한 자연스러운 행위 양식이다. 인간을 포함한 생명에게는 약자이건 소수자이건, 주변에 있건 삶을 살아갈 권리가 있다. 그런 점에서 근본생태주의의 생명권의 시각은 에코파시즘과 엄밀히 구분된다. 문명의 취약한 지점에 똬리를 틀고 유혹하는 에코파시즘에 현혹되지 않는 생명 평화, 생명 살림의 마음의 운동이 필요한 이유가 거기에 있다.

2장

기후위기를 넘어 전환 사회로

Q 06

기후위기 시대 자본은 미래 전망을 상실했다!
외계인이라도 되는 양 행동하는 단기 투기성 자본

미래 세대가 고려되지 않는 기후부정의

"학교에 갈 이유가 없어요. 이미 이 사회는 우리 세대를 고려하지 않아요."

유럽의 청소년들이 기후변화에 대한 청소년행동에 나서면서 하는 얘기들이다. 스웨덴의 청소년 그레타 툰베리로부터 시작된 기후변화에 대한 청소년행동은 이제 한국을 비롯한 전 세계 청소년들의 행동으로 전파되고 있는 중이다. 기후변화가 시시각각 다가오고 있다. 극지방의 얼음이 녹고, 동식물들이 떼죽음에 이르고 있으며, 폭염과 폭우와 허리케인, 가뭄 등의 재난이 급습하고 있지만 현 세대와 문명의 변화는 더디기만 하고 전환 사회는 요원하기만 하다. 기성 세대들은 그저 그 알량한 성장이나 부동산 가격, 주식 투기, 개발 사업 등에 몰두하면서, 지구와 생명과 미래 세대가 어찌 됐건 자신만 잘 살기를 바라고 있을 뿐이다.

분명 기후변화 시대에 세대 간 차별은 심각한 수준에 이르고 있다. 한국 사회에서도 성장주의의 단물을 먹었던 세대와 저성장과 기후변화 상황에 마주친 미래 세대는 명암을 달리한다. 미래 세대는 성공의 여지가 아닌 생존의 여부조차도 불투명한 상태로 내몰리고 있고, 기회의 소멸, 소득 불평등, 세대 간 양극화 상황에 놓여 있다. 심지어는 미래 세대는 기후변화 시대가 더 심화되면 제대로 먹고 살 수 있을지 여부조차도 불투명하다. 그러므로 기후정의의 과제는 세대 간 불평등 문제의 해결책을 담아내야 한다.

기후부정의 상황은 도처에 있다. 젊은이들이 정의와 공정을 얘기할 수밖에 없는 이유도 그것이다. 그러나 공정담론은 대부분 경제담론에 포획되어 있다는 게 한계다. 경제적인 부정의뿐만 아니라, 기후부정의 상황을 공정담론의 영역이 포괄적으로 논의할 때이다. 문제는 기후위기 상황이 향후 7년 이내로 최후의 마지노선인 1.5℃라는 티핑 포인트Tipping Point 2를 돌파한다는 점에서 기성 세대와 미래 세대 모두가 직면할 문제라는 점에 있다. 그러나 기성 세대들이 갖고 있는 자원과 기회, 선택지 등과 달리, 미래 세대는 더욱 악화되는 기후위기 속에서 탄력적으로 대응할 여지가 거의 없다. 그런 점에서 미래 세대가 기후행동에 나설 수밖에 없는 이유도 여기에 있다.

---

2 변곡점이나 급변점으로 불리는 지점으로 그 이후 손 쓸 여지가 없이 기하급수적으로 변화하는 예측불가능성으로 향하는 지점.

자본은 외계 행성으로 달아나고

이런 시점에서 자본의 비윤리적인 행태는 세간의 구설수에 오를 수밖에 없다. 미래의 구매력을 이자로 차압하여 이를 미래 투자의 여지로 사용한다는 자본의 가장 본래의 의미는 이미 사라진 지 오래다. 미래에 대한 투자 전망을 상실한 자본은 찰나의 현재만을 탐닉하며, '이 세대만 잘 살고 그 다음은 없다'는 식의 단기 투기성 자본으로 전락해 있는 상황이다. 기업이 최소한 지켜야 할 가치들, 이를 테면 혁신이나 자기경영, 기업윤리 등은 단기 투기성 자본에서는 사라진 지 오래다. 그 이유는 바로 미래에 대한 전망 상실과 긴밀한 관련을 갖는다. 미래에 대한 전망 상실은 미래 세대에 전망과도 관련되어 있다. 기후변화 시대의 개막은 미래 전망이 확실한 부분이 거의 없다는 점을 의미한다. 성장주의 시절을 경유해온 자본으로서는 더이상 이익을 취할 곳이 없고, 장기적인 투자 전망을 갖고 있는 곳이 없다는 것은 결국 현재의 순간적인 단기 이득에 전념할 수밖에 없는 가장 큰 이유가 된다. 결국 젠트리피케이션이나 골목상권 진출, 공유 경제를 가장한 플랫폼 사업 등을 통해서 최대한 이윤이 될 만한 곳이면 그것이 비윤리적이든, 미래 세대에게 어떤 파급 효과를 주든 상관하지 않을 기세로 파렴치한 투기 행각을 벌이고 있다. 이렇듯 최대 이득을 추구하면 지구와 생명과 자연이 망가질 수밖에 없고 대량 **멸**종으로 향하게 됨을 알고도, 자본은 이미 지구인이 아니라 외계인이라도 되는 양 행동한다.

더불어 자본은 지구에 대한 미련을 떨쳐버리고 화성과 같은 외계 행성으로 향하는 것이 미래 투자 전망을 갖는 것으로 호도하고 있다. 일론 머스크[Elon Musk]와 같은 기업인들이 화성 이주 계획을 세우는 것에 대해서 과학 기술 발전을 찬양하는 성장주의자들은 공모하고 있다. 그러나 지구는 우리의 집이다. 아름답게 만들어야 할 집이다. 집을 버리고 다른 곳으로 간다는 것은 물을 잃은 물고기가 되겠다고 물고기가 스스로 물 밖으로 뛰쳐나오는 것과 같다. 성장주의의 망상은 미래 세대를 포기하더니, 자신의 집마저도 포기하고 광활한 우주를 떠도는 방랑자와 같은 존재로 자신을 만들고 있다. 그러나 문제는 지속가능성에 있다. 우주에 나간다는 것은 아주 극소의 사람만이 살 수 있을 뿐이며, 그것도 얼마나 살 수 있는지조차도 의심된다.

사회적경제가 나서 집단적 리더십을 발휘해야

이탈리아 정치철학자 안토니오 네그리[Antonio Negri]는 그의 책 『어셈블리[Assembly, 2018]』에서 자본의 미래 전망 상실과 관련하여 공동체, 협동조합, 사회적경제 등의 집합적 리더십을 강조한다. 왜냐하면 미래 투자와 혁신, 자기경영의 전망을 상실한 자본을 집합적 리더십을 통해 견인하고 이끌어 나갈 수 있는 부위가 바로 공동체와 제3섹터 영역이기 때문이다. 즉, 자본으로 하여금 기업의 이득과 더불어 생태적 지속가능성을 함께 도모하도록 만들고, 단기 이익으로 통한 찰나의 탐닉이 아니라 미래 세대에 대한 사회적 책임 투자를 하도록 만들고, 혁신과 자기경영, 기업윤리와 같은 기업 본연의 가치와 윤리에 충실하도록 만드는 게 바로 공동체 기업과 제3섹터라고 말하고 있다. 물론 리더십이라는 개념이 굉장히 근대적인 개념이기는 하지만, 전망을 상실한 채 방황하고 있는 자본에게는 공동체와 제3섹터의 의식적인 개입이 요청되고 있는 상황이다.

이처럼 기후변화 시대는 기업에 대한 관점의 전환을 요구한다. 즉, 우주로 뻗어나갈 기세로 무한 성장의 가능성과 무정형의 미래를 향한 자본주의적 진보의 시간관과 무한 개척의 생명과 자연의 외부가 있다는 생각이 성장주의를 이끌었던 환상이었다. 그러나 로마클럽의 『성장의 한계^{1972}』라는 보고서 제출 이후에 지구의 한계, 자연의 한계, 생명의 한계로 인해 미래는 무한한 영역이 아니라 유한한 영역임을 인류는 불현듯 깨닫게 되었다. 비근한 예로 자원의 한계로 인해 일회용품과 같은 플라스틱을 쓰다 보면 현재의 순간은 편리할지는 모르지만, 미래 세대에게는 큰 짐이 될 수밖에 없다는 사실에 주목해야 한다. 그런 점에서 유한한 미래, 즉 미래 세대가 직면할 시간을 고려한 현재 세대의 삶의 양식이 중요해졌다. 그렇기 때문에 기업은 미래 세대라는 아직 태어나지 않는 다음 세대까지도 고려한 가치와 윤리를 가져야 할 시점에 와 있다. 그것을 지속가능경영, 윤리경영, 사회책임투자, ESG$^{Environment,\ Society,\ Governance}$ 등 무엇으로 불러도 상관없겠다. 결국 돈 되는 곳이면 어디든 달려가고, 지구와 미래 세대와 동식물과 자연이 어떻게 되든 신경 쓰지 않았던 개발주의, 성장주의, 토건주의 시대의 기업 풍토는 극복되어야 할 과거의 잔재이다. 왜냐하면 미래는 무한한 가능성의 영역이 아니라, 유한하기 때문이다.

기후난민이 되어 버릴 청소년들에게 희망을

이렇듯 기후변화 시대에 직면한 세대 차별의 영향에서인지 청소년들은 자신이 권리가 전혀 없는 난민과 같은 상황에 직면해 있음을 본능적으로 통찰한다. 그래서 청소년들은 권리주의적인 태도를 취하는 게 대부분이지만, 사실상 생존의 권리조차 기약할 수 없는 것이 기후변화 시대임을 직감한다. 그레타 툰베리는 유튜브 동영상 인터뷰에서 이렇게 말한다. "기후변화에 모든 사람이 책임이 있다는 것은 즉각적으로 책임져야 할 사람들의 면죄부와 같은 것이다. 국가와 기업 등 책임져야 할 사람이 분명히 있다." 기업의 사회적 책임과 혁신의 전망은 이제 시작 단계에 와 있다. 단기 투기성 자본의 행태로부터 벗어나, 기후위기에 직면할 미래 세대를 고려한 투자를 해야 한다. 유한하고, 취약하고, 연약하고, 고달프고, 어려운 자연과 생명, 그리고 미래 세대에게 투자해야 한다. 더 나아가 탈성장 전환 사회를 미래 세대와 기성 세대가 함께 고민하고 만들어가야 한다. 더 나은 세상을 향한 진보를 추구하던 성장주의가 아닌 더 불편해지는 기후위기 시대를 함께 연대하고 협동하여 이겨내야 한다. 기업의 강건한 혁신과 지속가능성을 약속하는 기업 환경 조성은 ESG 다시 말해 환경과 사회, 지배 구조 개선을 모토로 한 투자 환경의 조성이기도 하다. 그랬을 때라야 우리는 비로소 미래 전망을 설립하고 창안할 수 있다. 그런 의미에서 우리의 미래는 유한하지만, 이를 전제로 만들어져야 하는 것이 또 미래이기도 하다.

Q 07

기후위기 시대에 미디어를 다시 생각해보자!
탄소 무의식과 미디어 가이드라인

주류 미디어에 대한 비판들

대안적인 미디어를 연구했던 미국의 제리 맨더$^{Jerry\ Mander}$는 텔레비전이 욕구와 필요를 생산하여 굳이 쓸모없는 상품을 소비하게끔 만든다는 점을 비판했다. 제리 맨더는 광고업계에 15년간 종사하면서 자본주의적 소비 질서를 유발하는 바보상자인 텔레비전에 의문을 갖게 되었다. 그에 따르면 텔레비전은 사랑, 평화, 행복과 같은 복합 감정이 아니라, 질투, 물질주의, 야망, 경쟁, 폭력과 같은 단순 감정을 전달하기에 적합한 매체라는 것이다. 그런 점에서 왜 미국 프로축구 시즌에 가정폭력이 늘어나는지에 대한 의문도 해결이 된다. 미디어를 통한 감정생활을 주로 하는 남성들에게 경쟁과 폭력 등은 적잖은 심리적 자극을 주기에 충분하다.

그런가하면 50년대 매스 미디어$^{Mass\ Media}$ 연구자들은 '마법의 탄환이론$^{Magic\ Bullet\ Theory}$'을 통해 미디어 메시지가 대중의 심상과 무의식의 뇌리에 탄환처럼 각인되는 것으로 표현하기도 하고, 동시에 피하주사이론$^{Hyperdermic\ Needle\ Theory}$에서는 무감각한 피하층에 주사바늘이 꽂히듯 대중의 수동적인 정서를 자극한다고도 보았다. 이렇듯 일방향적인 메시지 전달을 특징으로 하는 매스 미디어는 대량 생산과 대량 소비를 유도했던 포디즘의 기반이 되었지만, 반격의 순간이 찾아왔다. 바로 68혁명이 전 세계를 뒤흔들면서 대중^{Mass}의 시기를 종식시켰다.

68혁명 시기동안 상황주의인터내셔널^{SI}를 창립하여 낭테르 대학 점거를 했던 기 드보르$^{Guy\ Debord}$는 『스펙타클의 사회$^{2014.\ 울력}$』라는 저작을 남겼다. 여기서 스펙타클의 사회는 직역해보자면 구경거리의 사회를 의미한다. 이 책에서 그는 매스 미디어가 상품물신주의 매체임을 고발한다. 즉, 현실에 없는 전도된 환상의 세상이라는 것이다. 가짜 웃음이 들리는 토크쇼와 같은 곳이고, 담배 한 개피에 노인의 행복이 있고, 과자 한 봉지에 아이의 기쁨이 있다는 것을 설파하는 바보상자라는 것이다. 또한 노동현장에서 천대받던 노동자가 소비현장에서는 왕으로 환대받을 수 있다고 생각하는 전도된 세상을 매스 미디어는 보여준다. 기 드보르는 스스로 구경꾼으로 전락하기를 거부하고 직접 거리에 나서서 68년 혁명의 투사가 되었다.

탄소 소비를 부추기는 미디어

그러한 비판에도 불구하고 매스 미디어는 우리의 일상에 어느덧 천연덕스럽게 자리 잡았다. 다양한 대안적인 미디어들이 생겨나고 사라지기를 반복하지만, 여전히 TV, 라디오, 신문, 잡지 등 레거시 미디어$^{Legacy\ Media}$, 즉 매스 미디어의 영향력은 막대하다. 물론 최근에 각광을 받기 시작한 뉴미디어 역시도 광고 이미지들을 통해 상품 소비 즉, 탄소 소비를 권장하고 이를 부유함과 동일시하는 작동 방식을 갖고 있다는 점은 일관되어 있다. 맛깔스러운 고기요리를 다루는 먹방·쿡방, 성공한 사람들의 이미지를 띠는 중형 자동차 광고, 환하게 불이 켜진 채 칸칸이 에너지 권력을 쥐락펴락할 수 있는 아파트 광고, 복잡한 기능으로 전기를 과도하게 소모하는 가전제품 등의 광고 이미지가 그것이다. 더 나아가 그것은 PPL$^{제품\ 간접광고}$이라는 이름으로 프로그램 안까지 침투해 들어와 있다. 미디어의 주된 수입이 광고업자와 기업의 펀딩이기 때문에, '더 많이 벌고 더 많이 소비하라'는 광고 메시지가 사실상 프로그램보다 더 중요하다. 따라서 탄소 소비만이 성공한 삶의 미래라는 점을 구경하고 선망하도록 끊임없이 유도하는 게 미디어일 수밖에 없다. 마치 주입식 교육과도 같은 이러한 영상과 이미지의 반복은 탄소 소비로 수렴되고 집중하기를 요구하는 의도를 저변에 깔고 있다.

   탄소 소비와 미디어의 반복적인 이미지와 영상이 주는 상관관계 연구는 펠릭스 가타리의 『분열분석적 지도 제작$^{1992.\ 미출간}$』에서 이루어졌다. 이에 따르면 두 개의 특이점이 있는데, 하나는 기호의 에너지화 특이점이고, 다른 하나는 에너지의 물질화 특이점이다. 기호의 반복이 에너지 발생의 원천이 된다는 것은 '사랑해'의 반복이 사랑에너지의 형성과 관련되어 있고, '짜증나'의 반복이 짜증에너지의 형성과 관련되어 있다는 점으로 단순하게 설명될 수 있다. 그러나 애니미즘이나 샤머니즘의 무의미한 주문呪文의 반복이 활력의 원천이 된다는 점에서 주력呪力이라는 신비한 힘의 원천이 설명된다. 이렇게 기호의 반복을 통한 에너지 형성은 결국 정성, 욕망, 사랑의 힘이기 때문에 물질 소비로 귀결된다. 이런 점에서 미디어는 반복적인 주문과도 같은 이미지와 영상을 통한 탄소 소비를 찬양하는 종교적인 영역이라고까지 얘기해 볼 수 있다.

탄소발자국과 미디어 가이드라인

방송 프로그램에서 권장하는 상품 소비는 사실상 탄소 소비와 관련되어 있다. 2008년도에 창안된 '탄소발자국$^{Carbon\ Footprint}$'이라는 개념에 따르면 상품 소비, 물 사용, 전기 사용, TV 셋톱박스, 사물인터넷$^{IOT,\ Internet\ of\ Things}$과 관련된 센서^{Sensor}까지 모두 탄소총량지수^{CO_2e}로 환산되어 지구에 하중을 주고 있음이 드러난다. 물론 탄소발자국에는 비화가 있다. 미 정유회사 브렉티시 페트롤룸의 후원 하에 이루어진 탄소발자국 개념의 창안과 대대적인 홍보는 탄소 발생에 석유회사 등은 책임이 없고 시민들의 일상생활에 책임이 있다는 기만적인 홍보 전략이었기 때문이다. 브렉티시 페트롤륨의 재생에너지 투자는 전체 수익의 3%를 약간 상회하는 수준이었다. 그런 점에서 석유회사 및 석탄화력발전소와 대기업 등에 책임이 있는 건 분명하다. 그러나 탄소발자국은 모두의 책임으로 이를 돌리면서, 사실상 강력하게 문제 제기를 해야 할 시민들에게 죄책감을 심어주어 행동에 나서지 못하게 하는 효과를 갖게 하는 개념이다. 문제는 탄소 소비를 권장하는 이미지와 영상을 접하게 되면 사실상 기업이나 석유회사 등에게 문제 제기할 시민들에게 공범 의식이나 죄책감을 갖게 하여 행동에 나서지 못하게 한다는 측면에 있다.

이렇게 탄소발자국지수^{CO_2e}는 우리의 삶이 더욱 더 상품 소비에 과도하게 의존할수록 지구에 하중을 주고 기후변화를 유발할 수밖에 없음을 구체적인 통계수치로 보여주고 있다. 미디어가 탄소 중독적인 삶으로서의 아파트, 육식, 자동차, 가전제품, 일회용품 등의 소비를 찬양하는 주입식 교육을 우리의 안방에서 버젓이 벌이고 있다는 것은 기후위기 시대를 살아가는 우리들에게는 암울한 미래를 예고하는 것이기도 하다. 그래서 우리 자신의 마음의 배치를 매스 미디어에 맡겨 놓는다면, 탄소 소비 이외에는 선택의 여지가 없다는 고정관념에 사로잡히고 만다. 결국 시민과 공동체가 나서서 만들어나갈 문명의 전환은 요원해질 것이다. 더욱이 문명 전환의 핵심은 바로 대기업, 석탄화력발전소, 정유회사 등의 대대적인 산업 전환에 있다. 우리 자신의 책임도 문제지만, 이러한 탄소 중독적인 삶에서 헤어나오지 못하면 기후위기에 대응하기 위한 기후행동에 분연히 나서려는 의지와 뜻이 꺾이게 된다는 문제점이 있다. 우리는 모두의 책임과 책임져야 할 부위의 책임 둘 다에 충족하는 공동의 차별화된 책임을 얘기해야 한다. 공동의 차별화된 책임은 보다 많이 책임져야 할 부위의 책임에 대해서도 놓치지 않겠다는 파리협약의 개념이다.

그런 점에서 시민들이 미디어의 올바른 사용법을 만들고, 미디어 생산과 유통 과정에 개입해야 한다는 점은 분명하다. 미디어의 시청자위원회와 방송심의위원회에서는 기후위기 시대를 맞이하여 지나치게 탄소 소비를 권장하는 미디어를 심의·규제해야 할 시점에 와 있다. 즉, ① 지나치게 탄소 소비를 권장하거나 ② 탄소 소비 이외의 선택지가 없다고 여기게 하거나 ③ 탄소 소비를 부유함이나 행복함으로 동일시하거나 ④ 탄소 빈곤층을 무시하여 기후정의를 위배하는 이미지를 송출하거나 ⑤ 상품의 탄소 총량을 명시하지 않은 광고와 이미지를 규제할 수 있는 가이드라인이 선정되어 미디어 심의 과정에 포함되어야 한다. 이를 통해서 기후위기 시대를 맞이하여 그 어느 때보다 위기와 좌절, 대안 모색에 부심하고 있는 시민들에게 미디어가 결코 바보상자가 아니라, 똑똑한 대안과 지혜를 전파하는 수단이 될 때이다. 즉, 기후위기를 맞이하여 우리의 마음, 우리의 무의식까지도 시민의 힘과 자율성의 영역으로 되찾아야 할 때이다.

Q 08

물발자국, 고기반찬에는 얼마나 물이 드나?
빅워터와 경쟁하는 육류 소비

물 부족으로 인해 기후난민이 된 제3세계 민중들

생태맑스주의자 존 벨라미 포스터는 『생태논의의 최전선2009, 필맥』에서 1947년 유엔의 〈세계인권선언〉에 물 인권, 물 정의, 물 민주주의 논의가 누락된 것에 주목한다. 물 인권이 얼마나 중요한지 우리는 실감하지 못한다. 수돗물을 틀면 물이 콸콸 나오는 한국의 상황이 전 세계 특히 제3세계의 상황과 같을 것이라고 생각하면 오산이다. 지금 물이 없어 손을 씻지 못하는 사람이 13억 명에 달한다. 물 인권이 〈세계인권선언〉에 누락된 결과는 무엇이었을까? 제3세계에는 물의 사유화와 물 상업화가 물 문제의 해결책으로 버젓이 제시되고 있다. 봉이 김선달이 따로 없다. 물차가 제3세계 동네를 다니며 버젓이 물을 돈으로 사고 파는 상황이 전개되었다.

현재 제3세계 물 부족 국가들의 민중들은 물 기업에서 파는 식수와 생활용수를 자신의 수입의 1/4 가량을 지출하며 사용하고 있는 중이다. 가지고 있는 돈 중 1/4을 물을 사는데 쓴다는 것은 여러분도 상상하기 어려울 것이다. 그러나 제3세계 민중들은 우리가 상상하는 것보다 녹록치 않은 상황에 놓여 있다. 더불어 위생시설이 없는 세계 민중은 20억 명이며, 물 부족 국가는 기하급수적으로 늘고 있다. 비근한 예로 멕시코시티에서는 지하수를 약탈함으로써 물 부족을 이제까지 해결해 왔는데, 이러한 지하수 대수층이 원상 복귀되려면 100년 가량의 긴 시간이 요구된다.

2003년 아프리카에 닥친 물 부족 사태는 수단의 인종 학살의 이유가 되었다. 수단의 각 부족들 간의 갈등의 원인은 물 부족으로 극도로 예민해진 상황에서 물을 둘러싼 갈등으로 번졌고, 결국 서로의 부족을 학살하는 바로 향했다. 더욱이 시리아 내전의 발발 역시 2005~2009년 5년간 비 한 방울도 내리지 않던 초유의 가뭄 사태 때문이었다. 시리아 지역은 성경에서 에덴으로 불리던 중동에서 가장 비옥한 지역이었지만, 기후위기로 인한 물 부족 사태가 쟈스민 혁명으로 인한 자유시리아군과 정부군의 갈등, IS라는 근본주의를 주장하는 파시스트의 발호 등으로 인해 전쟁, 테러, 내전을 겪고 주변국의 개입 등이 겹치면서 결국 800~1,200만 명의 기후난민을 발생시켰다. 이렇듯 물 부족 상황은 식량위기만이 아니라, 기후난민, 전쟁, 내전처럼 인류의 핵심적인 위험 요소로 대두되고 있다.

한국도 예외가 아닌 물 부족 사태

기후변화로 인한 물 부족 상황은 확대일로에 있다. 한국도 예외가 아니다. 2009년도에 강원도 태백시를 엄습한 물 부족 사태는 주민들의 삶을 피폐하게 만들고, 지역 사회를 얼어붙게 했다. 2014~2015년 사이에 중부지방을 급습했던 가뭄 사태는 농민들의 아우성과 비탄을 불러일으키기 충분했다. 더욱이 2018년 폭염 시기 동안 전국 대부분의 농지에서 밭농사를 포기하게 되는 상황이 벌어졌다. 가뭄과 물 부족 상황에서 농민들은 선택의 기로에 섰다. 바로 35만 원에 달하는 급수차 비용을 대며 밭농사를 유지할 것인가, 여름 농사를 포기한 채 그대로 갈아엎어버릴 것인가의 문제가 그것이었다. 결국 한국 사회에서도 물과 관련된 영리적 활동이 시작되는 것 아닌가라는 우려가 대두되었고, 물 공공성 확보에 대한 시민 사회와 농민들의 목소리도 큰 상황이다. 이런 사태를 두고 4대강에서 물을 끌어다가 쓰자고 제안하는 주장도 있다. 하지만 4대강 물의 경우 맹독성 플랑크톤이 함유되어 있기 때문에 농수로 쓸 수 없는 게 대부분이다. 강을 가로막은 것은 생태계 파괴를 초래한 개발과 토건사업일 뿐 농업, 생태, 하천 보존에 아무런 도움이 되지 않는다.

우리가 먹는 음식의 물발자국을 확인해 보자

로이크 쇼보의 『지속가능한 발전[2011, 현실문화연구]』에서는 하루

600ℓ를 쓰는 미국인과 하루 20~30ℓ를 쓰는 아프리카인을 대비시킨다. 미국인들이 어떻게 그렇게 많이 쓰냐는 사람이 있을 수 있지만, 사실상 물발자국$^{Water\ Footprint}$ 개념에 따라 살펴보면 그 이유를 알 수 있다. 토니 앨런이 쓴 『보이지 않는 물 가상수$^{2012.\ 동녘}$』에서는 구체적인 상품 자체가 얼마나 그것이 완성되기까지 물이 필요한지를 물발자국으로 설명하고 있다. 빵은 그것이 생산되기까지 40ℓ의 물을 필요로 하는데 비해, 우유 1ℓ는 1,000ℓ의 물을 필요로 한다. 물발자국은 도시에서의 사소한 식습관이 사실상 물 부족 사태의 원인이 될 수도 있다는 깨달음을 갖게 하는 개념이다.

그런데 물발자국을 추적하면서 발견하게 되는 가장 놀라운 사실은 소고기 1kg에 물 15,500ℓ가 필요함으로써 사실상 물발자국이 가장 높은 식생활이 육식임을 보여준다는 점이다. 이는 생태학자 피멘델의 보고에서도 등장한다. 그는 소를 도살하고 씻기는 물이 2급수이며, "황소 한 마리를 도살하는 물의 양이면 구축함을 띄운다"라고 말하고 있다. 이렇듯 육식이 물발자국이 높다는 것은 식량 생산에 사용되는 결정적인 물 즉, 농업용수인 빅워터$^{Big\ Water}$와 경쟁하는 결과를 낳는다. 농업에서 빅워터의 확보가 어려워지면 지하수로 쓰이는 대수층에 대한 약탈 농법으로밖에 유지될 수 없게 된다. 그런 상황은 농업의 지속가능성에 적신호일 수밖에 없다. 따라서 육식이야말로 물 부족과 가뭄의 상황에서 우리가 극복해야 할 생활 습관임에 분명하다.

포화수증기압 7%

갈수록 물 부족 사태가 심각해지고, 가뭄과 홍수 등의 자연재해가 늘어나는 이유는 무엇일까? 바로 기후변화, 다시 말해 기후위기 때문이다. 인류가 화석연료를 무분별하게 사용하고, 육식 습관 등을 버리지 않음으로 인해 지구가 더워져 물 순환에 문제가 생긴 것이다. 구체적인 이유는 평균기온의 상승에 따른 포화수증기압의 변화다. 만약 1℃ 평균기온이 오른다면 포화수증기압은 7%가량 높아지게 된다. 포화수증압이란 무엇일까? 바로 기온이 높아지면 수증기를 대기 중에 머금을 수 있는 부피 자체가 커지게 되면서 대기는 습하고 땅은 건조하게 된다. 문제는 대기는 습하지만 따뜻한 공기가 찬 공기와 만날 기회가 적어져 그저 공기가 습할 뿐 비가 오지 않는다는 점이라고 할 수 있다. 만약 비가 오더라도 집중 호우나 스콜성 폭우의 형태로 일부 지역에 왕창 쏟아 부을 뿐이다. 2020년에 경험했던 기나 긴 장마는 사실은 포화수증기압 7%의 효과 중 하나다. 결국 가뭄, 태풍, 집중 호우 등의 기상재난 뿐만 아니라, 전반적인 물 부족 상황이 벌어질 수밖에 없게 되는 것도 다 그런 이유 때문이다.

    이러한 상황에 대한 근본적인 해법은 인류의 적극적인 기후위기 대응에 달려 있다. 온실가스 배출을 제로로 만들고, 동시에 인류가 직면한 물 부족이라는 현 상황에 대한 대처법은 무엇일까? 바로 물발자국이 높은 육식을 줄이는 우리의 식습관에도 하나의 해결책이 있다. 물론 기업의 변화, 석탄화력발전소 폐쇄 등의 책임이 분명한 영역에 대해 행동을 촉구하는 것도 게을리 할 수 없다. 그러나 우리는 책임져야 할 기업과 공공 영역 등에도 요구해야겠지만, 우리 자신의 생활 습관도 변화시켜야 한다. 그래야 상승 효과로 인해 기후위기로부터 벗어나는 연착륙의 가능성이 등장할 것이다. 우리에게는 시간이 그리 많지 않다. 우리는 기후위기로 인한 극단적인 물 부족을 직접 체감할 수밖에 없는 상황에 놓여 있다. 향후 혹독하고 절박한 상황이 이미 예고되어 있다. 그렇기 때문에 우리는 지금-여기-당장 행동으로 나서야 한다. 기후가 변하는 게 아니라, 우리가 변해야 하고, 문명과 삶의 양식이 변해야 한다.

Q 09

기후금융이 필요한 시점이다!
기후위기 대응과 적응을 위한 재원 마련 단상

자본주의의 허구 상품인 생명보험의 논리를 넘어

헝가리 경제학자 칼 폴라니$^{\text{Karl Polanyi}}$는 그의 책 『거대한 전환$_{\text{1944, The Great Transformation}}$』에서 허구 상품으로서의 이자, 지대, 임금을 언급한 바 있다. 굳이 허구 상품이라고 하는 이유는 자본주의 문명이 미래의 구매력으로부터 이자를, 생명 활동으로부터 노동을, 자연으로부터 지대를 분리할 수 있다는 게 바로 허구적인 설정이기 때문이다. 어떻게 미래를 사들일 수 있으며, 생명을 구매할 수 있으며, 자연을 채굴할 수 있다는 말인가? 무슨 권리로 말이다. 그럼에도 불구하고 자본주의 문명은 사탄의 맷돌과도 같은 자유시장을 통해서 이러한 것을 사고팔게끔 했다. 그 방법은 원래는 공유지였던 곳에 울타리를 치거나, 활동의 영역이었던 곳에 노동을 조직하거나, 미래를 차압하여 이자와 금융을 만들어냈다. 그런 점에서 허구 상품은 마치 지상에 버젓이 상식처럼 간주되기 시작했다.

이러한 자본주의적인 허구 상품의 극한에는 생명보험이 있다. 자신의 죽음과 관련된 형이상학적인 영역도 사회적 가치로 버젓이 통용하는 게 생명보험이기 때문이다. 생명보험은 특유의 보장성이라는 개념을 통해서 미래를 설명한다. 그러나 기후위기 상황은 이러한 보장성에 의구심을 떨쳐 버릴 수 없게 한다. 무엇을 보장한다는 것인가? 자본이 생명을 보장한다는 것은 허구적인 환상에 불과하지 않는가? 더불어 생명보험이 투자했던 곳이 해외의 석탄발전이라는 점은 미래를 보장하지 않고 미래 세대에게 짐을 지운 상당히 비윤리적인 행동이었음을 보여준다. 미래 세대와 생명을 생각한다면 탄소 배출을 극도로 줄여도 마땅치 않은 마당에 석탄화력발전소에 대한 투자라니, 참 답답하다. 최근 시민단체의 문제 제기에 따라 석탄화력발전소에 대한 투자를 철회하는 움직임도 있지만, 대부분의 생명보험 회사들은 기존 투자금을 회수하지는 않겠다는 입장에 서 있다.

최근의 기후위기 상황은 매우 심각하다. 2019년 5월에 발표된 《호주 국립기후복원센터 성책보고서》에서는 인류 멸망이 최악의 경우에는 30년 내로 이루어질 수 있고, 직접 행동으로 나설 티핑 포인트는 10년에 불과하다고 주장하고 있다. 인류의 멸망과도 같은 위기 상황은 형이상학적이고 심지어 종교적인 영역이기까지 하다. 그리고 인류 문명이 적극적인 대응을 촉구하는 시민들의 목소리도 높다. 그러나 한국 사회에서 살아가가고 있는 시민들은 고민이 깊다. 탄소 소비를 아끼고 감축하고 관리하려는 소소한 실천이 무기력하며 전반적인 기업 활동과 석탄화력발전의 현실을 바꿀 수 없다는 점이 속속들이 드러나고 있기 때문이다. 그럼에도 불구하고 시민들은 탄소 소비 감축에 도움이 되는 삶을 추구하고 있다. 미래의 보장성이라는 허구 상품의 극한에 있는 생명보험을 재편할 수 없을까를 고민하는 이유는 여기에 있다. 다시 말해서 생명보험이 가지고 있는 본래의 허구적인 의미를 뛰어넘어, 미래 세대의 생존과 지속가능성까지도 고려한 허구 상품으로서의 기후보험을 상상할 여지가 생기기 때문이다.

기후금융의 도전과 전망

기후금융에 대한 논의는 아직 걸음마 단계에 있다. UN 산하의 〈녹색기후기금Green Climate Fund〉과 같이 개발도상국의 기후변화 대응을 지원하기 위한 특화기금이 있지만, 우리의 삶과는 거리가 먼 국제적인 기후펀드의 일종으로 간주되어 왔다. 한국 사회의 기후보험Climate Insurance 논의 역시도 농어촌의 기상재해에 대한 보상보험의 논의로 몇 개의 논문이 나와 있는 게 전부다. 게다가 현실적으로 보험회사는 기후와 같은 전반적인 환경 변화나 자연재해에 관련해서는 보험의 보상 영역으로 간주하고 있지 않다. 그러나 지금의 기후위기는 결코 자연적인 것이 아니라, 지극히 인위적이고 탄소 배출에 따른 문명이 만든 현실임은 분명하다. 즉, 천재天災가 아니라 인재人災다.

그렇기 때문에 탄소 시장과 연동된 기후금융의 중요성이 여기서 대두될 수밖에 없다. 기업들이 자신의 생산시설에서 대규모로 탄소를 배출한다면, 그것은 기상재난에 직접적인 원인을 제공하게 된다. 이 때문에 그 기업이 기후펀드에 사회 책임 투자를 하고 기후금융을 조성해야 할 의무를 함께 갖게 된다는 점에 주목해야 한다. 동시에 기층 시민의 삶의 영역에서도 기후보험은 자신의 세대 내에 돌려받을 수 있는 보상의 의미보다는, 다음 세대의 삶을 보장하는 형태로 이루어질 것이다. 물론 이 역시도 아직 기초적인 아이디어나 단상 수준이며, 더 많은 제도적인 상상력을 필요로 한다.

일단 기후금융을 통해 조성된 기후펀드는 기후위기 대응과 적응에 투자되어야 한다. 먼저 재생에너지에 대한 대대적인 민간 차원의 투자기금으로 활용될 수 있으며, 이는 향후에 진행될 에너지 전환의 견인차 역할을 할 것이다. 더불어 각종 자연재해와 재난, 폭염 등에 대한 민간 차원의 자구책 마련을 위한 재원으로도 쓰일 수 있다. 또한 기후난민 지원과 후원, 기후난민 국제기구 설립, 제3세계의 기후 적응이나 라이프라인 설비 구축을 위한 종자돈 역할을 할 수도 있을 것이다.

기후금융에 대한 전망을 밝게 해주는 부분이 블록체인 암호화폐 거래소에서 거래할 때마다 녹색금융으로 자동 투자되는 국가적인 펀드를 조성하는 데 있다. 이는 암호화폐의 양성화도 도움이 될 것이며, 더욱이 사용자들이 자신의 암호화폐를 거래할 때마다 저축 개념의 투자까지 할 수 있으니 일거양득이 아닐 수 없다. 더불어 기후금융은 기후화폐를 작동시킬 가능성도 있다. 기후화폐는 소비를 줄이고 물질발자국을 줄이면 주는 화폐의 형태이며, 블록체인 기술과 결합되어 탄소 소비 감축에 기여할 수 있다. 기후화폐를 처음 시험한 곳은 대전 대덕구의 한밭레츠이다. 한밭레츠는 공동체 지역화폐이면서 기후위기 대응 방안으로 기후화폐를 선보였다. 이러한 기후화폐의 작동은 사회적경제뿐 아니라, 기후공제회의 건설과 같은 색다른 모습으로 우리 앞에 드러날 수도 있다. 기후공제회는 십시일반으로 기후에 대응하는 일종의 계나 두레와 같은 조합을 의미한다.

한밭레츠는 공동체 지역화폐
이면서 기후위기 대응 방안
으로 선보인 기후화폐이다

기후보험의 사회적 가치

기후보험의 가장 중요한 부분은 기후위기를 직접 마주치게 될 미래 세대의 삶을 보장한다는데 의미가 있다. 즉, 미래를 대비한다는 보험 본연의 임무와 마찬가지로 미래 세대에게 소득, 자원, 생존과 지속가능성을 보장하고 기후위기 대응과 적응을 위해서 현재 세대가 할 수 있는 최선의 미래 투자를 할 수 있는 금융의 경로를 개척한다는 의미를 가질 수 있다. 시민들은 아직까지 미래에 대비하기 위한 방법으로 육아와 교육 등의 문제에 중점을 두고 있다. 이로부터 벗어나 미래 세대가 직면할 환경 위기를 해결하는 것으로 문제의 중심을 이동시키는 게 기후금융이라고도 할 수 있다.

이러한 기후금융의 운영 주체는 민관 협치, 즉 거버넌스Governance를 통해서 이루어져야 한다. 이는 이미 매우 절박한 상황에 봉착해버린 미래 세대의 삶을 보장해야 한다는 사회적 공감대를 기반으로 해야 한다. 기성 세대들에게는 녹색 전환과 에너지 전환, 문명의 전환을 위해 자신이 기여할 수 있는 경로가 마련됨으로써, 우리의 미래 세대와 청소년들이 살 수 있는 환경을 우리 사회와 지구에 남겨주는 참으로 의미 있는 일에 동참하는 것이라고 할 수 있다. 결국 지구와 미래 세대에게 한 표를 행사하고 투자하는 것이 바로 기후금융의 역할이다.

그 중에서도 기후보험은 다음 세대가 누려야 할 환경, 즉 삶의 지속가능성에 대한 미래 투자의 관점에서 설계되었다는 점에서 철저히 개인의 삶의 영위와 보장을 위한 기존 보험과는 현격한 차이점을 갖는다. 보험 자체는 칼 폴라니가 말했던 허구 상품의 일종이지만, 우리가 주목할 점은 기후보험을 통해 다음 세대의 삶을 보장하기 위한 가상 실효적인 사회적 가치를 만들어내는 것에 있다. 미래는 약탈하고 미리 끌어다 쓸 수 있는 자원이 아니며, 그렇다고 종말론자들의 생각처럼 미리 운명이 결정된 것은 더더군다나 아니다. 미래는 지금 창안되고 만들어질 수 있다. 그런 점에서 기후금융의 미래를 개척할 제도적 상상력을 촉구해 본다.

Q 10

기후위기의 현실은 기후난민으로 나타난다
호모 데우스로서의 1세계와
호모 사케르로서의 3세계에 대한 단상

신-인간의 호모 데우스, 새로운 인종주의

빅히스토리로 유명한 이스라엘의 역사학자 유발 하라리^{Yuval} $^{Noah\ Harari}$는 『호모 데우스$^{2017,\ 김영사}$』에서 인류를 신으로 업그레이드하고 호모 사피엔스를 신-인간인 호모 데우스$^{Homo\ Deus}$로 업그레이드할 방법을 탐색한다. 그는 전쟁, 폭력, 가난의 시대가 끝나고 첨단의학과 영생의 시대, 인공지능과 결합된 신인류의 시대, 데이터의 흐름이 중요해진 첨단 기술 사회가 열릴 거라고 전망한다. 그가 전망한 신인류의 시대는 갈등도 마찰도 가난도 없고 불멸, 평화, 행복, 공존의 시대이다. 그런데 여기서 우리는 그 시대가 현실에 이미 와 있음을 직감하게 된다. 현재 선진국이라 불리는 제1세계의 삶이 사실상 호모 데우스라는 신

-인간이 등장하는 공간이라는 점을 암묵적으로 느낄 수 있다. 여기서 제3세계를 차별한다는 점에서 일종의 인종주의와도 같은 논리가 유발 하라리에는 숨어 있다는 문제 제기가 가능하다. 유발 하라리 자신은 신인류로서의 호모 데우스를 인종주의적 맥락에서 서술하고 있다는 점에서 이로부터 자유롭지 않다.

물론 최근 들려오는 제3세계의 상황은 호모 데우스의 삶과는 거리가 매우 멀다. 서남아프리카 이남의 극단적인 기후위기와 기아 상황, 그리고 전 세계 한 해 600만 명의 기아 사망자 중 2세 이하의 어린아이들이 500만 명에 달한다는 점이 그것이고, 식량을 밀가루 배급에 의존하다보니 먹거리 다양성에 문제가 생겨서 영양 불균형으로 사망하는 제3세계 민중은 매년 3,800만 명으로 추정되고 있다. 기후난민은 유엔 집계로 8,200만 명으로 추산되나 엄청난 속도로 증가하고 있다. 이러한 현실은 호모 데우스의 구도에서는 이미 극복되었다고 여겨지거나 배제해 버린 현상들에 불과하다. 한편에서는 불멸과 영생을 얘기하고, 다른 한편에서는 먹거리가 없어서 죽어나가는 현실을 본다는 유발 하라리의 편견에 고개를 절레절레 할 수밖에 없는 대목이다.

사실상 제1세계와 제3세계의 기대 수명의 높은 편차도 살펴보아야 한다. 의료 영리 병원의 해택을 입는다면 100살 이상의 수명이 보장된 제1세계와 의료시설이 없어 높은 영아사망률을 보이는 제3세계는 대조적일 수밖에 없다. 더욱이 기후위기 적응을 위한 물, 가스, 전기 등 라이프라인이 전 세계 인구의 2/3에게 구비되어 있지 않는 현실도 문제다. 더욱이 제3세계에서는 위생시설이 없기 때문에 수인성 질병 등에 그대로 노출되어 있는 것도 사실이다. 더불어 제3세계에서는 영양 불균형을 극복할 수 있는 먹거리 다양성을 확보하기도 어렵기 때문에, 대부분 밀가루나 옥수수 등 한 먹거리만 먹고 있는 것도 문제이다. 마지막으로 기후위기로 인한 제3세계의 물 부족 문제는 전쟁과 폭력, 내전, 치안 불안정 등의 문제로 치달아가고 있다. 이러한 전반적인 상황을 살펴볼 때 호모 데우스라는 장밋빛 청사진은 제1세계인 선진국에만 해당됨을 알 수 있다.

호모 사케르, 제3세계 민중과 기후난민

반면 오늘날 제3세계 민중들은 기후위기 책임이 거의 없음에도 불구하고, 기후위기의 직격탄을 온 몸으로 맞고 있는 상황이다. 시리아는 2005~2009년 동안 비 한 방울도 오지 않는 초유의 사태를 겪는다. 이러한 가뭄은 농업 자체를 붕괴시켜 농민들이 도시로 이주하게끔 만들었다. 폭증하는 인구로 인해 도가니 상태가 된 도시는 갈등과 모순의 화약고라고 할 수 있었다. 그 이후 모든 안 좋은 상황이 도미노처럼 전개되었다. 식량위기, 도시와 농촌 간의 갈등, 종교 갈등, 계급 갈등 등 내부 모순이 폭발했다. 그 이후 시리아는 내전과 전쟁으로 인해 700~1,200만 명의 난민을 유럽과 터키 등지로 보내게 되었다. 이러한 갈등과 여러 문제들이 기후위기와 어떤 상관성이 있는지를 다루었던 뉴욕 컬럼비아대 리처드 시거 교수팀의 연구보고는 매우 타당성을 갖는다. 지금도 시리아 난민은 여전히 유럽 각지에서 난민 캠프 생활을 하고 있거나 유럽의 길거리에서 살아가고 있다.

이러한 기후난민의 상황은 조르조 아감벤$^{Giorgio\ Agamben}$이 쓴 『호모 사케르$^{Homo\ Sacer,\ 2008,\ 새물결}$』에 비유할 수도 있다. 호모 사케르는 '죽일 수는 있으나 희생물로 바칠 수 없는 생명' 즉, 벌거벗은 생명, 열외자, 생명만 유지하는 자 등을 의미한다. 호모 사케르는 주권의 예외 상태에 놓인 벌거벗은 생명으로 여기서 예외란 규칙에서 벗어나는 게 아니라 오히려 규칙이 효력을 정지한 상태 즉, 배제와 분리를 의미한다. 아감벤은 호모 사케르가 신성한 생명이면서도 어떤 권리로부터도 배제된다는 역설로부터 근대 사회가 성립되었다는 점을 논증한다. 다시 말해서 생명 자체가 예외 상태에 직면한 식물인간과 같은 호모 사케르 상태에 직면한 사람들이 기후난민이라고 할 수 있다.

절박한 기후위기로 인한 기후난민의 거대한 탈출 행렬은 전 유럽을 분리주의, 고립주의, 폐쇄경제를 기반으로 한 우파 파시즘의 도래로 향하게 했다. 메르켈 전 독일 총리의 600만 명에 달하는 난민 수용과 온정주의는 그녀의 퇴임과 더불어 시효를 다한 게 아닌가라는 질문도 받고 있다. 각국의 우파 파시즘은 이제 자유무역이나 세계화, 신자유주의 등의 담론에 기반했던 국제 질서를 허물어뜨리고 자국이기주의, 이주민과 난민의 차별, 성장주의라는 탄소 파시즘으로 무장하고 있는 상황이다. 이러한 상황은 기후위기가 극심해질수록 더욱 첨예하게 전개될 위험이 있다. 그러나 약간의 다행인 부분은 최근 바이든 행정부 등은 기후난민을 방지하기 위한 국제기금 등에 시혜적인 손길을 내밀고 있다는 사실이다. 그러나 거대한 기후위기 앞에서 이러한 시도 역시도 무기력할 수밖에 없는 것도 사실이다.

기후난민에 대한 환대의 과제

그러나 우리조차도 이러한 문제 설정이 힘들어질 수밖에 없다. 이를테면 난민에 우호적인 견해를 피력해오던 사람도 "당신의 아파트 주차장에 노숙인이 서성이고 있는데 당신은 어떻게 하겠느냐?"라는 질문을 듣는 순간 머뭇거리는 게 솔직한 반응이기 때문이다. 대부분의 사람들은 아파트 관리사무소에 연락할 것이다. 이는 기후난민에 대한 태도로 직결된다. 한국 사회에서 제주도로 들어온 500여 명의 예멘 난민에 대한 혐오와 차별의 문제는 우리 사회가 아직까지 기후난민의 대량 발생의 전 세계적인 현실을 받아들일 준비가 안 되어 있음을 느끼게 하는 대목이다. 그러나 우리 주변의 기후위기와 폭염으로 인한 탄소 빈곤층, 사회적 약자와 소수자, 노인, 청소년 등의 상황을 살펴보면 기후난민의 문제가 남의 문제가 아니라, 바로 우리 자신의 문제일 수 있다는 점을 알 수 있다. 기후위기에는 국경이 없으며, 우리는 세계 시민 사회의 일부로서 기후난민들과 공동으로 기후위기 대응의 지혜를 고민해야 할 시점에 놓여 있다.

 호모 네우스라는 신-인산이 되고자 하는 속, 보다 잘 살고 안정된 제1세계를 향한 열망은 성장주의에 기반한 성공주의, 승리주의, 자기계발, 자기관리, 처세술 등으로도 현현한다. 그러나 유한한 생명과 자연의 현실에 비추어 보면, 호모 데우스의 영생에 대한 약속은 덧없고, 허구이며 사기일 수밖에 없다. 오히려 우리 자신의 유한함을 긍정한다면, 나처럼 유한한 타인의 삶에 대한 배려와 사랑만이 최선임을 느끼게 된다. 호모 사케르로서의 기후난민이 우리 사회의 공동체적 구성원이 아니라 수용시설에서 최저 열량의 식사를 하고 꼼짝 못하고 그저 누워 있을 수밖에 없다면, 그러한 상황과 배제와 분리의 위치 설정은 보이지 않게 우리에게 영향을 줄 것이다. 즉, 우리 자신이 앞으로 다가올 기후위기 상황에 꼼짝 못하고 어떤 것도 할 수 없다는 무기력증에 시달리게 된다. 기후난민을 우리 사회가 받아들이고 인정한다는 것은 바로 기후위기 자체를 인정하고 행동에 나서겠다는 지표일 수 있다. 우리는 아직까지 기후위기에 행동하고 실천할 시간이 있다. 그래서 기후난민을 우리 사회가 따뜻하게 받아들일 때이다.

Q 11

미국 민주당의 그린뉴딜과
녹색 전환의 거대 프로그램
그린뉴딜이 그린워싱의 전략이 된 것에 대한 단상

트럼프의 폐악, 바이든 행정부의 기후 대응

트럼프 행정부의 등장은 지구와 생명, 미래 세대에게는 크나큰 상처를 남겼다. 트럼프는 지속적으로 기후위기는 만들어진 공상이며, 아예 없는 거라면서 화석연료 기업에게 막대한 지원금을 주었다. 더욱이 파리협약에 탈퇴하면서 인류의 미래를 어둡게 만들었다. 2018년 11월 미국 동부지역 추수감사절에 영하 50℃에 달하는 한파가 찾아오자 트럼프는 "강력한 찬바람이 모든 기록을 깰 수도 있다. 지구온난화에 무슨 일이 일어난 거지?"라고 비아냥거리는 트윗을 남겼다. 사실 이 한파가 북극권에서 불어오는 찬바람을 잡아주던 제트기류가 지구온난화로 헐거워지면서 찬바람이 아래로까지 내려와 생기는 것인데도 트럼프는 이를 인정하려 들지 않았다. 심지어 환경청에서 기후변화, 기후위기, 지구온난화라는 단어 자체를 쓰지 못하게끔 막기까지 했다. 인류는 인내력을 가지면서 트럼프의 폐악이 저기 저편으로 사라지기를 원했다.

다행히 미 대선에서 바이든이 트럼프를 높은 득표율로 따돌리고 집권한 이후 미 민주당 행정부는 오바마 시절의 청정에너지 사용 등에 그치지 않는 강력한 기후위기 대응으로 나서고 있다. 2021년 10월에 있던 기후정상회담에서 바이든은 2050년 탄소 중립안이 너무 늦고 2030년으로 앞당겨야 한다고 기후 리더십을 발휘하면서 전 세계 정상들을 압박했다. 그 과정에서 전 세계 석탄화력발전소를 2030년도까지 모두 폐쇄하라고 일갈했다. 미국은 바이든 행정부가 들어서자마자 파리협약에 재가입하여 자발적 의무 공여[NDCs] 2030계획은 2005년 기준으로 탄소 배출 56% 감축이라는 초강수를 두었다. 더불어 2035년까지 100% 재생에너지로 전환하겠다고 선언했으며, 구체적인 방안과 로드맵과 정책 등을 깨알과 같이 만들어냈다. 바이든 행정부의 기후 리더십에 따라 유럽도 탄소 무역장벽을 2023년부터 시행하기로 선언했다. 한국 정부는 미온적인 반응으로 기후악당국가와 그린워싱[Green Washing] 국가라는 오명을 그대로 유지했다.

미 민주당 오카시오 의원의 그린뉴딜 제안

2008년 9월 미의회에는 오카시오 의원이 획기적이고 혁신적인 그린뉴딜 법안을 발의했다. 세간의 이목이 모두 여기에 집중될 수밖에 없었다. 이는 기존 지구적 차원의 거대 계획, 거대 프로그램 중에서 지속가능 개발목표 등이 있었음에도 그 효력이 발휘되지 못하고 있는 현실 속에서 새로운 거대 계획으로서의 그린뉴딜이라는 청사진을 제공했기 때문이다. 그린뉴딜은 거대 물량, 거대 자금을 동원하는 뉴딜 정책을 따른다. 루즈벨트의 뉴딜 정책은 공황 시기동안 노동자들의 소득 진작이 유효 수요를 만든다는 케인즈의 내부상점이론에 따라 거대 인프라사업, 거대 공공사업을 통해서 국가가 개입하여 경제를 진작시킨 사건이었다. 이러한 뉴딜 정책의 전통을 이어받아 녹색 전환에 대한 대대적인 거대 사업을 벌인다는 게 오카시오 의원의 구상이었다. 그런데 그 자금을 어떻게 마련하냐는 질문에 그린뉴딜은 MMT$^{\text{Modern Monetary Theory, 현대화폐이론}}$를 지목한다.

MMT라는 방법은 대량의 화폐를 국가가 찍어 자금을 조달하고 이를 녹색 전환 비용으로 쓰는 것을 의미한다. 이전까지 국가는 국가 재정을 통해서 세입과 세출을 일치시켜 재정 건전도를 평가하는 재정 정책과 화폐를 찍어 양적 완화 형태로 은행과 기업에게 주는 통화주의 정책 두 가지의 경제 정책을 갖고 있었다. 그런데 문제는 화폐를 찍어 은행에게 주어 시민들에게 부채화폐를 떠넘기는 게 아니라, 주권화폐 개념을 통해서 국가가 직접 돈을 찍어 시민에게 나누어주는 MMT의 혁신적인 방법론에 있다. 더욱이 이러한 주권통화의 발행은 그린뉴딜, 기본소득, 기후금융 등의 녹색 전환의 기금으로 사용될 수 있다는 게 그린뉴딜의 핵심이다.

그린뉴딜을 밑바닥으로 떨어뜨린 그린워싱

그린뉴딜의 세 가지 축은 먼저 일자리 정책으로서의 정의로운 전환이 있다. 이를 테면 내연기관 자동차가 전기자동차로 전환되어야 할 때 자동차 엔진 산업에 있던 노동자들의 일자리 보존을 어떻게 할 것인가의 문제가 대두된다. 이러한 흑색산업에서 녹색산업으로의 산업 재편에 있어 노동자로 하여금 교육훈련을 받을 권리나 일자리 전환에 필요한 전환 프로그램, 공공일자리 확충, 기본소득 등의 다양한 대책이 요구된다. 유럽의 경우에는 항공기 산업의 노동자들을 녹색 전환을 하면서 풍력발전 노동자로 재배치했던 경험이 있다. 이 모든 산업 재편 과정에서 노동자들이 개인으로 분해되어 문제를 해결하고자 하는 자활의 방법으로는 무력할 수밖에 없기 때문에 사회적경제, 협동조합 등의 포용력과 수용력 역시도 관건이 될 수밖에 없다. 또한 정의로운 전환에 있어서 질 좋은 일자리의 확충은 쟁점이 될 수밖에 없다. 다시 말해서 "전통산업 노동자들의 소득 보전은 가능한가?"라는 질문에 대해서도 다시 생각해야 한다. 물론 소득 감소 영역은 어쩔 수 없겠지만, 질 좋은 일자리 자체를 만들어내는 노력 역시 필요하다.

두 번째로 그린뉴딜에는 기후위기에 대응하는 재생에너지 전환과 탄소 중립을 위한 온실가스 감축의 전망이 있다. 한국의 경우에는 재생에너지 확충 부분이 에너지 증가율과 일치한다는 보고가 있다. 다시 말해서 에너지 전환 자체가 30% 핵에너지와 40% 석탄화력발전소 부분을 전환하는 게 아니라, 그 이외의 에너지 증가량을 맞추기 위한 수단으로 재생에너지가 활용되고 있다. 특히 2021년 한국 정부가 추진했던 그린뉴딜은 디지털 뉴딜의 구색맞추기에 불과한 기존 사업에 예산만 더한 예산사업으로 전락해 있었다. 특히 디지털 뉴딜과 같은 영역은 에너지를 과다하게 사용할 수밖에 없는 첨단산업이기 때문에 그 문제는 심각하다. 에너지 전환을 위해서 핵에너지와 석탄화력발전소를 더 늘리지 않고 재생에너지를 기하급수적으로 확대하는 정책이 절실한 상황이다.

세 번째로 그린뉴딜에는 기후정의를 통한 사회경제적 불평등 해소의 정책적인 노력이 있다. 기후정의에 있어서 기후위기를 유발하지 않았던 제3세계 민중이나 탄소 빈곤층이 최대 피해자가 되고 있는 상황은 개선되어야 하며, 사회 불평등 자체가 바로 기후 불평등이라는 점에서 기후정의에 입각한 불평등, 빈곤, 소외, 가난 등을 해결하는 거대 계획이 필요하다. 이를 위한 기후정의의 영역이 선진국 내부에서만 적용된다면 그것은 실효성이 없다고 생각할 수밖에 없다. 그런 점에서 기후정의는 기후난민과 제3세계 민중에 대한 대대적인 녹색채권과 녹색펀드를 통한 지원책이 수반되어야 한다.

한국 정부의 그린뉴딜 정책은 디지털 뉴딜에 구색을 맞추기 위한 장신구에 불과했다. 더욱이 수소차나 탄소 격리술, 핵융합 등 아직까지 기후 대응 방법으로 검증되지 않는 첨단기술에 그린뉴딜이라는 이름으로 예산이 흘러 들어갔다. 현재 영국의 노동당과 유럽의 그린딜, 한국의 녹색당, 정의당 등의 그린뉴딜을 주장하면서 정의로운 전환과 에너지 전환, 기후정의를 위한 그린뉴딜의 거대 계획에 동의한 상황이다. 그러나 성장주의 세력에게 전유된 그린뉴딜은 대안세력의 아젠다로서는 부적합하다는 점에서 그린뉴딜은 침묵을 강요받고 있다. 실로 안타까운 일이 아닐 수 없다. 그린워싱은 녹색분칠을 통해서 대안세력의 아젠다를 가지고 가서 자신의 선전과 홍보 문구로 사용하는 위장환경주의이다. 그런 그린워싱의 최대 피해자가 바로 그린뉴딜을 일관되게 주장해 왔던 대안 세력들이다.

Q 12

노란조끼운동, 탄소세에 대한 오해와 쟁점
탄소 경제와 에너지 전환에 대한 단상

노란조끼운동이 제기한 탄소세의 쟁점

노란조끼운동Yellow Jackets Movement은 2018년 10월 21일 프랑스에서 유류세와 자동차세 인상에 대한 저항운동이며, 부유세 인하, 긴축제정 등과 함께 이루어진 이 조치가 중산층과 노동자 계급에게만 부담을 전가하고 있다는 것에 대한 반대운동이었다. 프랑스 마크롱 정부는 주로 교외에서 거주하는 노동자와 시민들에게 유류세를 인상함으로써 세수를 확보하려고 했는데, 그 과정에서 명분은 탄소세였다. 운전자 보호를 위해서 갖고 있던 노란조끼를 착용하고 시위에 참여한 인원은 287,710명이었으며, 사망자수는 4명, 부상자수는 1,000명 이상, 체포자수는 1,600명 이상이었다. 이 운동은 마크롱 정부의 신자유주의 정책, 다시 말해서 세계화, 금융의 자유, 긴축재정, 노동자에 대한 부담 전가 전반에 대한 저항으로서 벨기에, 이탈리아, 독일로까지 번졌다.

2018년 유류세 인상은 철회되었으나, 그 명분으로 제시된 탄소세에 대한 전 세계적인 반감을 만들어내는 결과를 낳았다. 문제는 에너지 전환을 위한 탄소세를 인상한다면 노동자와 시민에게 생태배당의 형태로 손해분을 보존할 필요가 여기서 제기된다는 점이다. 그런 점에서 스웨덴에서 시행 중인 재생에너지나 탄소세 부과에 대한 생태배당제도가 부각되는 대목이다. 다시 말해 마크롱 정부처럼 부유세를 인하하면서 유류세를 높인다면 사회 불평등이나 빈부 격차가 가속화되기 때문에, 유류세를 탄소세로 전환하고자 한다면 그것을 보완하는 생태배당제도가 필요하다. 그러나 노란조끼운동으로 탄소세에 대한 도입은 순탄치 않을 거라는 전망이 높아졌다. 또한 탄소세란 무엇인가에 대한 관심도 높아졌다.

탄소세의 빛과 그림자

탄소세는 환경세, 기후세, 육류세 등과 함께 향후의 증세 방향이다. 탄소세는 신속하게 전환될 수 있는 세금이라는 점에서 주목된다. 다시 말해 현재의 유류세는 도로 건설과 같은 SOC사업으로 향하는데, 유류세를 바로 탄소세로 전환해서 재생에너지에 투자하는 기금으로 사용하면 된다. 그런 점에서 공무원을 더 뽑거나 시스템을 정비하기 위한 비용이 전혀 들지 않는다. 혹자는 탄소세는 석유가 채굴된 다음에 소비 과정에서 부과되기 때문에 유전 자체에 세금을 부과하는 유정세로 대체되어야 한다고 말한다. 최근 엑슨모빌 등의 정유회사조차도 탄소세 도입에 찬성하는 입장으로 돌아섰다. 왜냐하면 탄소세 자체가 수익에 영향을 줄 정도로 많은 편이 아니며, 더욱이 다국적 석유회사에게 면죄부를 줄 것이기 때문이다. 정유회사 면피용으로 적당한 수준에서 이루어지는 탄소세 논의는 유효성을 상실한 상황이다. 현재 탄소 배출권 거래제에서 사용된 배출권과 탄소세는 연동되어 있고, 국제통화기금[IMF]은 2030년까지 톤당 75달러의 탄소세를 부과하자는 제안을 하고 있는 상황이다. 이는 현재 탄소세를 도입한 50개국 톤당 평균 2달러의 37배에 해당하는 것으로 파격적인 주장으로 여겨지고 있다.

한국의 탄소세법에 대한 움직임도 활발하다. 2021년 1월 기본소득당 용혜인 의원은 〈기본소득 탄소세법〉을 발의하여 58조를 걷어 전 국민에게 10만 원을 기본소득으로 지급하는 법안을 마련했다. 더불어 2021년 6월 정의당 장혜영 의원은 〈탄소세법〉을 발의하여 효과적인 기후위기 대응 방안으로서 탄소세법을 입안했다. 이러한 움직임에도 불구하고 탄소세법은 아직 국회를 통과하여 입법화되지 못하고 있다. 바로 증세에 대한 국민의 불만이나 제도권 정치의 불신 등이 그것이다. 이를 테면 '담배세를 높인다고 담배를 덜 피는가'라는 맥락에서 탄소세는 자동차연료 사용을 줄이는 결과보다는 국민들에게 부담만 주는 증세의 방향일 수밖에 없다라는 기존 정당의 입장이 있기 때문이다. 그러나 탄소세는 그 세수를 바로 재생에너지시설 설립자금으로 쓴다는 점에서 에너지 전환에 직접적인 효과가 있을 뿐만 아니라, 과도한 자동차 문명을 규제한다는 장점 역시도 갖고 있다. 그런 점에서 탄소세를 추진하고 있는 각 정당의 움직임은 기후위기 대응책으로 가장 효과적인 안을 추진하는 것이라고 할 수 있다.

탄소 경제의 구도

여기서 공동체의 탄소 순환은 넷 제로라는 탄소 중립의 기반이 되는 산림이나 숲에서 탄소를 머금는 부분이나, 유기농업을 통한 유기물 순환, 논, 폐기물, 바이오매스 등을 대체하는 대안농업 등을 통해서 이룰 수 있는 부분이다. 다시 말해서 탄소 순환은 유기물 순환이자 생명 순환이기 때문에 농업과 긴밀한 관련을 맺는다. 두 번째 탄소 시장은 탄소 배출권 거래제로 알려져 있으며, 탄소 배출을 많이 한 기업에서 탄소 배출을 적게 한 기업에게 배출권을 사서 부담하는 것이다. 이는 제로 섬 게임이라는 점에서 한계를 가지며, 배출권의 산정이나 구체적인 탄소 배출 계측, 관리 등에 대한 문제점이 있다. 특히 한국 사회에서는 지나치게 배출권을 높게 책정하거나 배출 통계를 조작하여 기업에게 이득을 주는 방향으로 나타나고 있다. 탄소 배출권은 탄소세와 연동되어 함께 그 가격이 책정된다. 세 번째 탄소세는 국가의 세수 부분으로, 세출 부분으로서의 생태배당으로의 보완이 필요하다. 결국 세입과 세출이 제로가 되도록 만들어야 하기 때문에, 어디에 세금을 쓰느냐가 중요하며, 재생에너지에 대한 재투자 부분이 상쇄되어야 감축 효과가 높아진다.

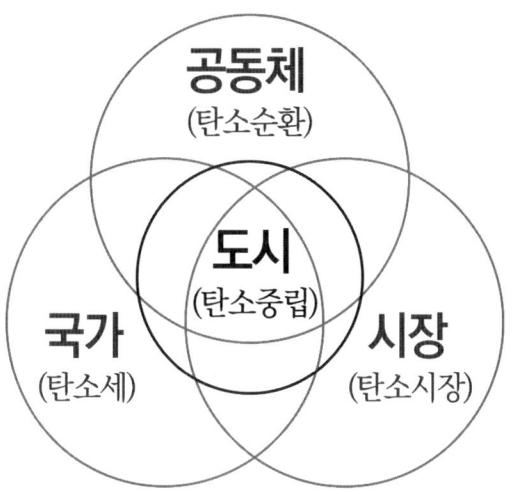

탄소 자본주의 하에서 각 경제 주체가
탄소 감축을 위해 해야 할 역할들

에머지와 탄소세

화석연료에 세금을 과도하게 매겨야 하는 이유 중 하나가 에머지^{Emergy}가 높기 때문이다. 여기서 에머지란, 기름 1ℓ의 에너지는 재굴, 정제, 유통, 수송, 가공 등의 일련의 과정에서 사용되는 에너지뿐만 아니라, 환경과 자연에 미치는 일련의 과정에 대한 총에너지이다. 이러한 환경에 직간접적으로 투자하는 이용

가능한 총에너지를 산출해 보면 석유 1ℓ는 사실상 1ℓ 이상의 에머지를 필요로 한다. 그렇기 때문에 탄소세는 에머지를 염두에 두어야 환경 비용과 외부 효과 등을 계산에 넣을 수 있게 된다. 다시 말해 에너지로 사용되는 총량과 함께 그 일련의 자연 발효와 응축, 가공과 채굴, 추출, 수송, 운송 등의 과정에서 열역학 2법칙인 앤트로피 법칙에 따라 사용할 수 없게 된 에너지 양까지 합친 게 에머지이다. 에너지 개념에 대한 또 다른 개념으로 '엑서지^{Exergy}'라는 개념이 있다. 엑서지는 실지로 사용된 에너지 값으로서 우리가 통상 에너지로 계산하는 것은 에머지가 아니라 엑서지라는 것을 알 수 있다. 그런 점에서 에머지를 고려한 탄소세를 부과한다면 어마어마한 가격이 매겨질 수 있다. 그리고 왜 한사코 다국적 석유회사들이 유전에 세금을 매기는 '유정세'를 거부하는지도 파악할 수 있다. 다시 말해 에머지 값을 감추고자 하는 본능적인 시도이다.

 에너지 전환은 시스템 자체를 바꾸는 것이다. 석유회사, 유전, 석유화학시설 등의 카르텔화된 시스템이 가동되는 과정을 규제하지 않는다면, 사실상 제대로 된 에너지 전환이 이루어질 수 없다. 그렇기 때문에 에너지 전환은 에너지로 착각되고 있는 엑서지가 아닌 일련의 에너지 생산, 수송, 정제, 유통 과정 전반과 관련된 에머지에 대한 개입이어야 한다. 실지로 값싼 화석연료의 사용으로 인한 성장률이 40% 정도로 인간에 대한 착취 비중보다 높다. 다시 말해 흥청망청 먹고 마시고 즐길 수 있었던 배경에는 값싼 화석연료가 있었다. 그러나 기후위기는 우리에게 값비싼 결과를 낳고 있다. 탄소세는 화석에너지 카르텔에 직접적으로 개입하는 가장 손쉬운 방법이며, 가장 효과적인 방법이다. 그런 점에서 탄소세에 대한 인식의 확대와 교육 등이 지금 필요한 시점이다.

Q 13

파리협약에 가입한 우리나라는 왜 아직도 기후악당국가로 불리는가?

NDC^{자발적 의무 공여}를 둘러싼 논쟁에 대한 단상

한국의 탄소 배출 현황

한국의 온실가스 총배출량은 7억 t으로 세계 7위에 해당하며, 한국의 1인당 탄소 배출량은 연간 14.7t으로 세계 6위의 고배출국에 속한다. 전체 배출량 중에서 6억 t은 에너지 분야에서 발생한 것으로 에너지 전환이 더디게 진행되고 있다는 점을 알 수 있다. 석탄화력발전소 규제와 재생에너지 확대, 전기요금 인상 등이 필요하다. 그 배출 규모를 짐작할 수 있는 대목은 13억 명이 운집한 서남아프리카 지역보다 많다는 점에서 얼마나 한국 사회가 탄소 배출을 많이 하고 있는지를 알 수 있다. 특히 인구수 문제를 따지는 에코파시스트들의 논변에서는 1인당 탄소 배출량을 통해서 환산해 볼 때, 서남아프리카 등의 제3세계

를 혐오할 이유가 없다는 점을 알 수 있다.

한국에서 핵발전에서 발생되는 에너지는 30%이고, 석탄화력 발전소는 부동의 40%이며, 신재생에너지 비율은 7%에 불과하다. 이런 상황에서 개인들을 유죄화하면서 모두에게 책임이 있다는 식의 논변을 펼치는 것은 무망한 짓이다. 다시 말해 에너지시스템과 구조에서 가장 문제가 크며, 이를 개선하지 않고 개인들에게 책임을 묻는 것은 책임을 회피하겠다는 얘기에 불과하다. 그런 점에서 재생에너지의 경쟁력을 갖추기 위해서 전기요금을 인상해야 하는데, 이것을 가능케 하는 방법은 유상증자와 무상증자의 방법이 있다. 특히 스웨덴에서 유상증자를 통해서 효과적으로 전기요금을 인상한 국제적인 사례가 있다. 여기서 유상증자의 방법은 전기요금이 원래 1만 원이었던 것을 2만 원으로 인상하고, 1만 원 인상한 부분을 한전의 주식으로 주는 방법을 의미한다. 한국의 탄소 배출 현황을 점검해 보면 알 수 있듯이 기업하기 좋은 나라를 만들기 위에서 화석연료와 핵연료 기반의 에너지를 주로 써왔던 현실이 다가올 수밖에 없다.

파리협약 가입, NDCs에 대한 통계 조작

파리협약은 지금의 추세대로 가면 2050년까지 기온 4℃ 상승이 예고되며, 그대로 두면 인류 전체의 공멸이 기다리고 있다는 위기감 속에서 2015년 전 세계 195개국이 신기후체제 파리협정$^{Paris\ Agreement}$을 조인하면서 시작됐다. 그 내용은 '산업화 등장

이후 기온 상승을 2℃보다 훨씬 낮게$^{Well\ Below\ 2℃}$ 유지하고, 가능한 1.5℃로 억제하도록 하는 방안 합의'를 골자로 한다. 이러한 파리협약에 환호성을 지를 수 있지만, 사실상 이 파리협약의 아킬레스건은 각국에게 자율적인 의무 감축 방안^{NDCs}를 두고 5년마다 더 높은 기준을 제시하도록 한 것이었다. 스스로 기준을 정하고 스스로 지키기 때문에 사실상 강제력이 없다시피한 협약이 아니냐는 반응조차도 나왔다.

이에 따라 한국의 보수 정부는 〈2030 온실가스 감축 로드맵〉을 제시하고 파리협약의 가입국으로서 NDC를 제출하였다. 그 내용은 가관이 아닐 수 없다. '불명확한 배출 전망치$^{Business\ as\ Usual}$를 기준으로 가장 성장이 많이 되었던 2013년 대비 온실가스 배출량이 22%로 급증할 것을 가정하고, 2030년까지 37%를 감축하겠다고 목표를 제시한다'는 게 골자이기 때문이다. 사실상 가장 성장을 많이 한 시점을 기준으로 하기 때문에, 저성장에 처한 현시점에서는 아무것도 하지 않아도 되는 기준점이 된다. 결국 참가에 의의를 두는 사람들이 대부분이었고, 정부는 꼼짝하지 않고 하는 시늉만 하고 있었다.

문재인 정부 들어 2020년 다시 NDC를 제출해야 하는 시점이 왔는데, 여기에 22.4%라는 턱없이 모자란 기준점을 제출하고 보수 정부와 똑같이 하는 시늉만 하려고 하였다. 그러나 파리협약은 처음으로 기준치가 너무 낮다는 점에서 한국의 NDC를 반려함으로써 국제적인 망신을 주었다. 이에 따라 2030 NDC를 40%로 잡아 제출해서 겨우 턱걸이를 할 수 있었다. 2021년에 있었던 기후정상회담에서는 바이든 대통령이 2030년까지 모든 석탄화력발전소를 폐기할 것을 주장해서 한국 정부의 미온적인 조치에 일침을 가했던 적도 있다. 전 세계가 기후위기를 함께 책임져야 할 상황에서 한국의 이러한 미온적인 조치는 기후악당국가라는 오명을 갖게 만드는 것이었다. 실지로 독일의 한 지역에서는 "한국, 기후악당국가 각성하라!"라는 플랜카드를 들고 시민들이 시위한 적이 있다. 전 세계가 한국의 기후위기 대응에 주목하고 있다.

베트남 석탄화력발전소에 대한 투자와 국제적인 망신

그런데 2021년 하나의 사건이 터졌다. 베트남 붕앙지역에 석탄화력발전소가 지어지고, 한국의 두산중공업과 삼성물산, 하나은행, 수출입은행, 한국전력 등이 여기에 투자했다는 게 알려졌다. 생명과 자연을 위협하는 석탄화력발전소에 투자했으며, 더욱이 녹색 전환에 따라 좌초자산이 될 게 분명한 석탄화력발전소에 투자해 국제적인 망신거리가 되었다. 4월에 청년기후행동은 두산 사옥에 녹색물감을 뿌리는 퍼포먼스를 진행했다. 청년기후행동은 포스코 등을 점거하는 여러 시위 과정에서 기후소송에 휩싸였는데, 기후소송 모금은 수많은 시민들이 기금을 전달하면서 성황리에 진행되었다.

  특히 생명보험의 해외 석탄화력발전소에 대한 투자도 큰 이슈가 되었다. 미래 세대와 생명을 위협하는 석탄화력발전소에 대한 투자에 반대의 목소리가 크게 번져 나갔다.

민간금융기관, 석탄금융 Top 10 (단위: 억원)   ▼PF ▼회사채 ▼보험

순위	기관	금액	PF	회사채	보험
1	삼성화재	82,903	6,872	12,469	63,562
2	삼성생명	46,985		11,795	35,190
3	DB손해보험	35,291		2,790	32,502
4	흥국화재	31,835		2,788	29,046
5	현대해상	30,454	4,740	1,578	24,135
6	코리안리재보험	29,532	109		29,423
7	농협생명	26,910		14,052	12,858
8	하이투자증권	25,195		25,195	
9	롯데손해보험	22,565		2,764	19,801
10	흥국생명	19,276		5,540	13,736

생명보험의 석탄금융 비중 〈2021 한국 석탄금융백서〉 22p

해외의 시선은 싸늘했다. 기후악당국가인 한국의 대기업과 생명보험 등이 석탄자금에 돈을 대주고 있다는 소식은 국제 사회에서 곱지 않는 시선을 보이게 된 계기였다. 생명보험 회사에게 시민 사회가 문제 제기를 하자, 생명보험사들은 앞으로는 석탄화력발전소에 투자하지 않겠지만, 이제까지 투자한 것은 어쩔 수 없다는 반응을 보였다. 석탄화력발전소와 같이 많은 수익을 낼 수 있는 사업에 한국의 생명보험회사들은 관행적으로 매달

리면서 고객의 이득을 보장하겠다고 나섰다. 생명을 보호하겠다는 생명보험사가 생명을 죽이는 석탄화력발전소에 투자하는 위선적인 행각이 기후악당국가인 한국에서 자행되고 있는 셈이다.

    정부의 탄소 중립 계획안은 여전히 미진하다. 특히 산업별 탄소 배출량을 규제하겠다는 얘기가 한 마디도 없기 때문이다. 시민 사회와 기후단체에서는 이러한 허울 좋은 탄소 중립안이 지구와 생명, 환경에 대한 관심이 여전히 미진한 것으로 기후악당국가의 오명으로부터 벗어날 수 없는 상태라고 말한다. 더욱이 보수 진영의 핵발전에 대한 집착은 하나의 위험을 피하기 위해서 다른 위험을 맞아들이는 것을 의미한다. 한국은 기후악당국가의 오명으로부터 벗어날 수 있을까? 그것은 고속 성장의 낡은 떡고물에 집착하는 성장주의 세력과 대기업들의 체질 개선과 과감한 전환의 움직임에 달려 있다. 그 시작은 기후행동에 나선 우리 자신에게 달려 있기도 하다.

Q 14

에코마일리지 제도를
친환경 주민이 체감할 수 있게!

에코마일리지와 기본소득, 기후화폐에 대한 단상

에코마일리지란 무엇인가?

에코마일리지는 전기, 수도, 가스, 자동차 운행 등에서 에너지를 절감하면, 포인트나 상품을 정부에서 주는 제도이다. 포인트는 현금 환급까지도 가능하며, 상품권으로도 받을 수 있다. 에너지 절약을 생활화하고자 하는 많은 시민들이 이 제도를 통해서 혜택을 받았으며, 동시에 지속가능한 관官 중심이 아닌 민民 중심의 정책으로도 평가되고 있다. 시민들의 자발성과 자율성은 어느 때보다 높으며, 많은 선도적인 에너지 절약의 생활 양식이 등장하여, 현재 정착기에 들어섰다. 사실상 재생에너지를 사용하는 에너지 전환도 필요하지만, 가장 가까이에서 수행할 수 있는 강력한 방법이 바로 에너지 절약이라는 점에서 그 효과는 입증되었다고 할 수 있다. 이에 대해 지속가능시스템연구소 박숙현 소장은 다음과 같이 소개하고 있다.

> 서울시에서 진행하고 있는 에코마일리지. 한번쯤 들어봤을 법한 이 제도는 국가적으로는 '탄소포인트제'라는 국민 탄소 저감 실천 프로그램의 일종이다.[3] 가정과 학교, 기업에서 자발적으로 에너지 소비를 줄임으로써 전체 온실가스 배출량을 줄여 기후변화에 대응하기 위한 목적으로 제안되었다. 참여 신청자들은 당해년도 6개월간의 에너지 사용량을 과거 2년간의 전기, 수도, 가스의 평균 사용량에 비해 얼마나 줄였느냐에 따라 인센티브(포인트)를 받게 된다. 환경부는 탄소포인트제도를 도입한 게 2008년이고 2017년까지 가입자가 600만 가구, 약 30% 이상의 가구가 이 프로그램에 참여하여 약 4천억 원 이상의 전력 생산비용을 절감했다고 발표한 바 있다. 서울시도 에코마일리지 프로그램을 도입한 이후 2019년 4월 기준 200만 명 이상이 참여하고 있다.[4]

에코마일리지가 현금화될 수 있는 포인트 제도로 트랜드를 선도했다면, 녹색펀드에 대한 투자로 이끌 수 있는 '탄소 포인트 녹색투자 제도' 역시도 필요하다는 지적도 심심치 않게 나오

---

[3] 탄소 포인트제 운영에 관한 규정, 환경부 고시 제2020-83호, 제2조 제1호.
[4] 박숙현, 〈시민의 자발적 참여, 기후 문제 해결사가 될 것인가?〉, 2020년 7월 17일, 생태적지혜미디어 ecosophialab.com

고 있다. 에코마일리지에 대한 상상력은 수많은 곳에서 나오고 있는 중이다. 여기서는 두 가지 영역, 기본소득과 기후화폐와의 연동 부분만을 다루려 한다.

에코마일리지 홈페이지   탄소포인트제 홈페이지

에코마일리지와 기본소득

서울시의 에코마일리지나 지역의 탄소포인트제도는 동일한 맥락을 가진 탄소 감축 프로그램이다. 이는 냉난방, 전기, 가스, 자동차 등의 탄소 감축 시 사은품을 줌으로써 참가자들에게 인센티브를 주는 형태로 이루어져 있다. 그런데 탄소 감축으로 인한 전반적인 기후위기 대응 효과를 얻는다는 점에서 제도적인 손질을 가하여 기본소득과 연결시켜야 한다는 얘기들이 힘을 얻고 있다. 즉 탄소를 감축할 때에만 인센티브를 주는 게 아니라, 감축량을 유지만 하더라도 인센티브 및 기본소득을 주는 형태가 그것이다. 그렇게 했을 때, 일회성 행사가 아닌 생활 양식에 뿌리 내린 에코마일리지 제도가 될 수 있기 때문이다.

코로나19 상황에서 재난기본소득으로 인해 사람들 사이에서는 기본소득에 대한 구상이 꿈이나 이상이 아니라, 현실임을 알게 되는 계기를 갖게 되었다. 이제 다가올 기후위기 상황의 기본소득 역시도 적극적인 대응과 적응의 방법이 되어야 한다. 그런 점에서 에코마일리지 제도와 연계된 기본소득은 기후위기 시대에 적합한 라이프스타일을 구성하는 초석이 될 거라 확신하다. 이는 줄여야 소득이 생기는 역행적인 방법이기 때문에, 기후위기 시대를 살아가는 사람들의 생활 양식이 어떤 것이어야 하는지를 알려주는 바가 크다고 할 수 있다. 동시에 기본소득을 하나의 묶돈이 아닌 다양한 특이점을 통해 분산 제공함으로써 생활 양식 전환에도 도움을 줄 것이다.

에코마일리지 제도에서 사은품 제공은 또 하나의 탄소 소비로 귀결되는 방향성이다. 그것이 아니라, 화폐의 형태로 기본소득을 지불한다면 가장 최적의 영역에 도움을 준다. 이런 점에서 기본소득은 화폐 제공이 속물적인 게 아니라, 시민들의 필수적인 자원과 물품을 구입하는데 쓰인다는 점에서 긍정적인 효과를 가진다. 동시에 서울에서 사용되었던 방법과 같이 기본소득을 제로페이와 같은 지역화폐 형태로 지급한다면, 구체적인 필수품을 사는데 필요한 가이드라인을 갖게 된다.

결국 전환 사회의 프로그램은 기본소득을 기반으로 하여 전환의 프로그램이 일자리, 소득, 부의 상실이 아니라, 정의로운 전환의 과정임을 분명히 해야 힌다. 이를 통해시 진환 사회를 그저 공포와 두려움이 아니라, 나의 살림에도 도움이 되는 전환 프로그램이라는 인식의 확대가 이루어져야 한다. 그런 점에서 에코마일리지와 기본소득과의 연계를 위한 징검다리는 바로 기후화폐라고 할 수 있다.

에코마일리지와 기후화폐

실제로 2021년 대전 한밭레츠에서는 기후화폐 그루를 운영한 바 있다. 이에 대한 민관 협치 뿐만 아니라 시민들의 호응이 뜨거웠다는 점을 상기할 필요가 있다. 여기서 기후화폐와 현물화폐의 이음새 역할을 에코마일리지가 해낼 수 있다는 점도 주지할 필요가 있다. 기후화폐를 순환하고 유통하는 것은 지역, 마을, 공동체라면 현금화하여 기후화폐에 대한 인센티브 역할을 에코마일리지가 해낼 수 있다. 그러려면 기후화폐의 움직임과 에코마일리지, 녹색펀드, 기본소득과 같은 관련 섹터 간의 통합 공공 플랫폼이 필요하다. 아직까지 기후화폐가 아주 조심스러운 실험의 영역에 불과하지만, 그 확산세로 볼 때 트랜드화되기 이전의 단계라고 할 수 있다. 여기서 다람쥐회 홍승하 대표는 다음과 같이 말한다.

> 2020년 9월 11일 청와대 국민청원 게시판에 '기후위기 관련 정책을 만들어주세요'라는 청원글이 올라왔었다. 중학생이 올렸다는 이 청원글은 6,868명의 서명으로 마감되었다 한다. 그 청원글은 기후위기 정책에 적어도 가속도를 붙였을 것이라 생각하고 기후위기 대응 확산의 이정표로

기록 될 수 있기를 바란다. 코로나를 겪는 과정에서 우리는 많은 변화를 겪었지만 그 중에서 기본소득 실험과 지역사랑상품권, 농할상품권 등 지역과 부문을 순환시키는 화폐의 역할을 경험했다. 지역사랑상품권은 발권 예고가 되면 그 시각 10분 만에 모두 매진되고 있다. 10%의 정부와 지자체 부담으로 지역과 부문경제를 순환시키는 역할, 그것이 다시 세수로 순환될 것이기에 예산 운영도 적자라고만 할 수 없다. 전 국민이 탄소 감축을 위한 노력을 하고 하나의 통합된 마일리지 관리 체계로 적립하여, 제로페이의 한 축으로 '기후화폐'를 장착하는 건 불가능한 일일까? 정부가 지출해야 할 막대한 기후위기 대응 예산 일부를 기후화폐 적립에 배정한다면, 그 기후화폐는 대중교통에만 사용되고, 친환경 사업장에서 지출되는 순환의 흐름을 만든다면 어떤 효과가 있을지 함께 고민해보고 연구해 보았으면 한다.[5]

에코마일리지와 같은 성공적인 생활 밀착형 제도는 사람들로 하여금 수많은 제도적인 상상력을 발휘하게 만든다. 에코마일리지에 직접 가입해보고, 새로운 옵션이나 선택지, 제도 등을 상상하는 것은 유쾌한 삶의 사건이다. 그것은 막 싹 틔기 시작한 기후위기에 최적화된 생활 양식이기 때문이다.

---

[5] 홍승하, 〈기후화폐를 시작하며 - 기후위기 시대 다람쥐회의 도전과 혁신〉 생태적지혜미디어 2021년 11월 25일자 글 인용

Q 15

재생에너지의 철학과 에너지믹스의 탄력성
라이히의 에너지관과 태양과 바람의 나라를 향해

라이히의 오르곤에너지와 재생에너지의 철학

빌헬름 라이히는 『파시즘의 대중심리$^{2006,\ 그린비}$』와 『성 혁명^{2000,} ^{새길}』의 저자로서 성-욕망에서 유래된 자연과 생명에너지에 대해 탐색했던 심리학자이다. 라이히 이전의 프로이드는 리비도라는 개념을 통해서 생명과 자연의 에너지를 무한 동력에너지로 보는 관점을 창안했다. 그런데 프로이드의 리비도 에너지 보존의 법칙은 생명에너지에 대한 금기와 터부를 통한 억압이 승화와 문명을 성립시킨다는 보수적인 입장에 서 있었다. 이에 반해 라이히는 생명에너지로서의 욕망을 해방시키는 전략을 통해서 독특한 에너지 전환의 사유를 전개한다. 다시 말해 라이히는 억압되어 승화된 2차적 에너지가 아니라, 자연과 생명에게 자연스럽게 흐르는 1차적 에너지를 해방할 때 에너지 전환은 가능하다고 말한다. 그의 오르곤에너지에 대한 탐색은 그저 신비주의적인 발상이 아니라, 자연과 생명에서 유래된 에너지를 통해서 에너지에 대한 관점 자체를 획기적으로 전환하는 연구였다고 할 수 있다. 다시 말해서 라이히의 사상은 에너지 전환의 모태가 되는 사상적 기초를 갖고 있는 셈이다.

그러나 현재의 탄소 파시즘은 라이히나 프로이트의 억압 가설에 따라 이루어지는 게 아니라, 문명 내부에서는 잘 살도록 유도하면서 문명 밖은 죽든 살든 내버려두는 미셸 푸코Michel Foucault의 생명정치 단계의 풍요 가설에 입각해 있다. 그렇기 때문에 생명에너지의 해방은 에너지를 절약하는 것을 통해서만 유지되는 게 아니라, 에너지의 발생과 유통, 전개 과정에서 획기적인 에너지 전환을 통해서 응답할 필요가 있다. 현재 재생에너지는 핵에너지나 석탄발전에너지에 대한 보조적인 역할을 하면서 에너지 증가분에 따라 조금씩 늘어나고 있다. 그러나 획기적인 에너지 전환은 생명과 자연으로부터 유래된 에너지를 해방시키며 오르곤에너지라는 색다른 에너지관에 근접하는 과정일 거라는 점이 예상된다. 재생에너지는 분산되고 민주적인 에너지로서 집중되어 있는 화석에너지나 핵에너지와 다른 철학적인 면모를 보여준다. 이것은 생명과 자연에서 유래된 에너지에 주목할 때 에너지 민주주의가 이루어질 수 있음을 의미한다.

에너지믹스와 재생에너지

에너지믹스는 에너지가 일정 비율로 잘 섞여서 작동해야 함을 밝혀주는 개념이다. 하나의 에너지만으로는 에너지믹스의 탄력성이 생길 수 없다. 석탄발전, 가스발전, 재생에너지 등이 적정 비율이 섞여야 탄력성이 생긴다. 여기서 핵에너지는 끌 수 없는 에너지로서의 상수값으로 존재하기 때문에, 에너지 탄력성을 기대할 수 없는 에너지원이다. 다시 말해 핵에너지는 밤에서 계속 작동하기 때문에, 불야성 같은 밤에 운영되는 상업 행위와 도시 사회를 초래한 장본인이라고 할 수 있다. 그러나 이 마저도 아주 미미하기 때문에, 양수발전이라는 형태를 동원한다. 다시 말해 밤에 계속 생산되는 핵에너지로부터의 전기를 수력발전에서 낙하했던 물을 다시 끌어올리는 데 쓴다는 것이다. 그 정도로 핵에너지는 에너지 탄력성이 떨어지는 에너지원이라고 할 수 있다. 에너지믹스에서는 화력발전과 가스발전에서 탄력성을 찾는 경우가 많다. 에너지가 부족해도 남아도 문제이기 때문에 그 유동성 부분을 화력발전과 가스발전이 끄고 켜고를 반복하는 과정을 통해서 에너지가 적정 수준으로 유지하도록 만드는 것이다.

현재 정부에서는 가정 내 대기전력을 없애는 것을 권장하면서 첨단기술 가전제품을 판매토록 유도하고 있다. 이러한 가전제품은 대기전력을 없애서 에너지를 절약할 수 있다는 이야기이다. 그러나 문제는 이러한 깨알 같은 노력이 아니라, 전기 송전로에서 끊임없이 흐르고 있는 유휴 전력에 있다. 유휴 전력은

봄과 가을에 보통 20% 정도 남아돌며, 그냥 흐르고 사라지도록 만들고 있다. 다시 말해 너무 과도하게 전력이 생산되고 있는 셈이다. 그러나 이를 조절하기 위해서는 핵발전을 줄여야 하는데, 핵발전이 더 늘어가고 있는 것도 사실이다. 그런 상황에서 에너지믹스의 탄력성을 기대할 수 없다. 현재 문명은 에너지를 과도하게 쓰는 전자제품과 가전제품을 끊임없이 권장하면서 에너지를 더 쓰도록 유도하는 이유가 여기에 있다.

더욱이 화력발전의 에너지 효율이 문제가 된다. 여기서 에너지 효율과 관련된 개념으로는 '제본스의 역설'이라는 개념이 있다. 제본스의 역설은 에너지 효율을 높인 그 상쇄분을 다시 성장의 동력으로 삼는 것을 의미한다. 그렇기 때문에 물질발자국이나 에너지 총량은 더 늘어나게 되는 성장주의의 현 주소이다. 화력발전의 에너지 효율을 높이는 여러 기술이 발전되고 있지만, 사실상 제본스의 역설을 초래할 뿐이다. 더욱이 화력발전의 최대 에너지 효율은 디젤이 55%인데, 이를 송전탑과 고압선으로 운송할 때 손실률이 9%이고, 전기에너지가 다시 열에너지로 바뀔 때 효율은 40% 정도다. 그런 점에서 포스코의 전기용광로는 있을 수 없는 이야기가 된다. 다시 말해서 전기는 열과 관련해서 효율이 극도로 떨어지기 때문이다. 전기용광로는 핵발전의 남아도는 전기를 소모하려는 시도이고, 이는 에너지탄력성을 극도로 떨어뜨린다.

바람과 태양의 나라를 향해

재생에너지는 태양광에너지와 풍력발전을 통해서 자연과 생명에 기반한 청정 무한 에너지원으로 각광을 받고 있다. 물론 에너지 탄력성 부분에서 떨어진다는 평가도 받는다. 그러나 폭염 상황에서 태양광에너지가 더 효과적으로 전기를 생산하고 있는 탄력성 등이 논의되고 있다. 에너지 탄력성을 높이기 위해서는 지역 단위로 그리드^{격자}를 나누어서 지역 순환 에너지시스템을 만들어야 한다. 그러나 한국 사회는 에너지가 고도로 집중되어 있고, 지역에서 생산되는 분산되고 민주적인 에너지믹스를 생각할 여지가 거의 없다. 이것은 한국 사회의 고속 성장 과정에서 에너지시스템 자체를 짤 때 문제가 되는 상황을 초래했다.

최근 기업들은 재생에너지 100%$^{Renewable\ Energy\ 100\%}$ 선언 기업인 RE100 등에 속속들이 가입하고 있다. 이는 재생에너지와 관련된 가상거래를 위한 거래소 등의 제도적인 개선이 필요한 시점이라는 점도 드러난다. 다시 말해서 그 에너지가 재생에너지인지, 아니면 핵발전이나 화력발전인지를 가늠하기 위해서는 하나의 전력거래소를 통해서 가상거래시스템을 장착해야 한다. 이러한 제도적 개선을 RE100 Global Policy Message[6]에서도 권고하고 있다. 박숙현 지속가능시스템연구소 소장은 다음과 같이 RE100에 대해 개괄한다.

---

[6] https://www.there100.org/sites/re100/files/2020-10/RE100%20Global%20%20Policy%20Message.pdf

재생에너지 100%를 의미하는 RE100은 2014년 뉴욕 시의 기후주간에 시작된 글로벌 이니셔티브로서 The Climate Group^{CG}에서 주관하고 있는 캠페인이다. RE100 멤버가 되기 위해서는 기업이 재생에너지 100%를 실현하였거나, 실현 가능한 전략적 시간표를 가지고 공표하거나, 가입 후 1년 내에 에너지 전환을 할 수 있는 로드맵을 만들겠다는 구체적인 약속을 하면 된다. 2021년 2월 현재 웹사이트 상 가입회원은 307개로, 우리가 알고 있는 애플이나 스타벅스, 구글, 나이키와 같은 회사들이 포함되어 있다. 우리나라에서는 SK하이닉스, SK텔레콤, 한국수자원공사, LG에너지솔루션, 아모레퍼시픽 등이 2050년까지 100% 재생에너지로의 전환을 약속하고 있다.[7]

박숙현 소장의 이야기처럼 재생에너지 중심으로의 전환이 이루어지려면 여러 가지 제도적인 개선이 이루어져 한다. 무엇보다도 전력 가격이 너무 싸다는 문제점은 환경비용을 넣지 않고 성장의 동력으로 에너지를 동원하고 있는 현 주소를 의미한다. 바람과 태양의 나라는 바로 재생에너지에 대한 획기적인 지원과 이를 통한 에너지믹스에서 재생에너지의 비중을 높일 때 가능하다. 태양과 바람의 나라에 대한 상상은 그저 공상이 아니라, 전 세계적인 추세이며, 우리가 나아갈 녹색 전환의 미래라는 점은 분명하다.

---

[7] 박숙현, 〈RE100 -우리가 중요하게 생각하는 것과 가볍게 생각하는 것들에 관하여〉 생태적지혜미디어, 2021년 5월 25일

Q 16

티핑 포인트 1.5℃가 왜 중요한가?[8]
호주보고서의 경고에 대한 단상

1.5℃는 문명의 변곡점

지난 2018년 10월 인천 송도에서 열린 IPCC$^{기후변화에 관한 정부간 협의체}$ 총회에서 『지구온난화 1.5℃ 특별보고서』가 채택되었다. '2100년까지 전 지구 평균온도 1.5℃ 상승 제한을 위한 잔여 탄소배출총량$^{Carbon\ Budget}$은 4,200~5,800억 톤이며, 2030년까지 CO_2 총배출량 최소 45% 감축 필요'를 명시하는 내용이었다. 이렇듯 IPCC가 2010년 대비 45% 탄소 감축을 주문하고 있는 상황에서 이에 충족하는 파리협약의 당사자 국가는 2010년 대비 2030년까지 자발적 의무 감축으로서 온실가스 배출전망치^{BAU}에 대한 탄소 감축분이 미국 49%, EU 46%이며, 이를 충족하지 못한 일본은 42%, 캐나다는 41%의 미진한 탄소 감축

---

[8] 2021년 12월 불교사회연구소 보고서를 수정 보완했다.

을 예고하고 있다. 한국은 온실가스 배출 전망치^{BAU}를 제출했으나 한 번 반려되었으며, 40% 감축으로 다시 보고한 상태이다. 현재의 상황은 산업화 시대 이래로 1.1℃ 상승되었다고 평가되고 있다. IPCC에서 1.5℃를 강조하는 이유는 그것이 티핑 포인트, 즉 급변점^{急變點}이기 때문이다. 다시 말해 2030년 이후에 직면할 1.5℃ 이후부터는 기후위기가 인류의 통제권에서 벗어나 양성 피드백$^{생물계에서\ 결과가\ 원인을\ 촉진하는\ 피드백}$을 발휘하면서 자동적인 과정이 될 거라는 점에서 문제의 심각성이 있다.

윌리엄 노드 하우스$^{William\ Nordhaus}$의 『기후카지노$^{2017,\ 한길사}$』와 《IPCC 제5차 보고서》 등이 제시한 양성 피드백 항목은 다음과 같다. ① 그린란드, 남극 등 거대한 빙상의 붕괴와 해수면의 급격한 변화, ② 해양 순환의 거대한 변화와 40%의 탄소 흡수량을 차지하던 바다의 포화 상태로의 변화, ③ 빙하가 녹아서 '알베도^{반사도}'[9] 변화로서 흰색에서 검정색이 많아지면 흡수량 많아짐, ④ 영구 동토층이 녹아 북극권 아래 매장되어 있던 생명의 부산물 층에서 메탄가스 대량 배출, ⑤ 가뭄으로 인한 브라질 열대림 고사와 남벌, ⑥ 거대한 산불과 에어로졸 효과[10] 등이 그것이다. 이러한 양성 피드백은 기후위기가 더 큰 기후위기를 초래하기 때문에, 1.5℃가 급변점이며 인류 최후의 마지노선이라고 할 수 있다.

여기서 기후위기 시의 양성 피드백 가능성 중 알베도 변화에

---

9 Albedo. 지표면에서 반사되는 태양에너지의 양
10 Aerosol. 주로 공기와 같은 기체 내에 미세한 형태로 균일하게 분포되어 있는 액체나 고체의 입자. 강우 현상에서 응결핵의 구실을 하며 화학 반응에 참여하고 대기의 전기적인 현상에 영향을 끼친다.

먼저 주목할 필요가 있다. 지구 반사율은 30%이며, 나머지 70%는 지표면에 흡수되는데, 빙상이나 눈, 얼음은 90%의 알베도를 보이는 중요한 온실 효과 조절장치이다. 눈과 얼음, 빙상의 용융은 지구를 뜨겁게 만드는 요인이 될 수 있다. 더욱이 빙하가 녹으면 더 더워지게 되어서 빙하가 더 녹는 등의 양성 피드백이 나타나며 해수면 상승에도 영향을 준다. 동시에 북극권의 영구 동토층 아래에는 수많은 동식물의 부산물이 묻혀 있는데, 2년 이상 온도가 0℃ 이하이기 때문에 얼어붙은 채 존재한다. 그러나 영구 동토층의 해빙은 그 안에 묻혀 있던 미생물의 활동으로 인해 메탄가스를 다량으로 배출하고 이 역시도 메탄가스가 배출되면 더 더워져서 더 배출하게 되는 양성 피드백에 처한다. 또한 숲의 파괴는 이산화탄소 흡수량을 줄여서 온난화를 더 유발하고 더욱 산불이 많이 발생하게 되는 잠재된 폭탄과 같은 상황이 된다. 이는 캘리포니아와 호주 산불 등을 통해서 드러났다. 동시에 바다의 흡수량에 있어서 이산화탄소의 1/4를 흡수하는 바다가 끓어 보글거리는 콜라나 사이다처럼 탄소 포화도가 높아져서 더 흡수할 수 없게 될 때 발생하는 양성 피드백도 무시할 수 없다.

호주보고서의 경고

크리스 배리[Chris Barrie] 경이 이끄는 호주 국립기후복원센터는 2019년 3월《실존적인 기후 관련 안보 위기 – 시나리오적 접근》이라는 정책보고서를 발간했다. 여기서 지구의 기온 상승을 양적인 척도로 보고 계측하는 방법론이 아니라, 양성 피드백을 포함한 비선형 방정식으로서의 팻테일 리스크$^{Fat\ Tail\ Risk}$ 곡선을 선보였다. 이는 남반부에 위치한 호주의 경우 준전시에 해당하는 국가적인 행동을 지금 당장 하지 않으면 향후 10년 내로 급격한 예측 불가능한 비선형적이고 돌발적인 재난 상황에 빠질 거라는 경고이기도 하다.

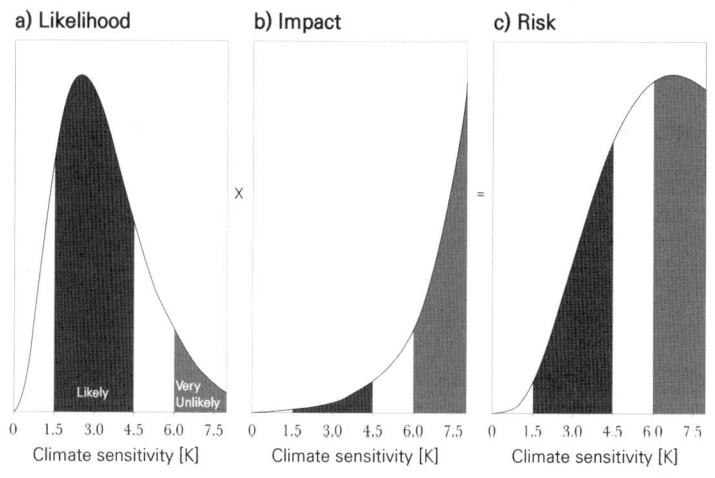

기후 관련 위기 도식
(a)사건의 개연성^{Likehood}, (b)영향력 산출, (c)위험도. 확률 분포의 최대치에서는 더 낮은 개연적 사건들이 최고도의 위험도를 띤다. $^{Credit:\ RT\ Sutton/E\ Hawkins}$

팻테일 리스크는 중간이나 최저만 위험 요인으로 보는 기존 통계수치의 허점을 지적한다. 기후위기는 양성 피드백에 의해서 더욱 가중치와 시너지를 가지면서 다가올 게 분명하기 때문이다. 그렇기 때문에 환경 재난 역시도 우리가 통계적으로 중간치 정도로 생각했던 부분보다 더욱 크게 다가올 가능성이 있다는 게 문제이다. 우리의 머릿속에는 1.5℃의 평균기온 상승이 평균치의 온도 상승과도 같이 생각되는 게 문제다. 오히려 더욱 가속화되는 기상재난과 식량위기, 기후난민의 발생을 염두에 두어야 한다는 게 호주보고서의 주장이다.

양성 피드백의 현존과 각국의 대응 양상

이렇듯 양성 피드백의 여부는 2050년까지를 기준점으로 삼던 각국의 탄소 중립 선언이 사실상 무용지물이 될 수 있다는 점에 대한 적시라고 할 수 있다. 앞으로 남은 시간이 탄소 예산의 총량처럼 아직도 남아 있는 수천 억 톤을 가리키는 게 아니라 향후 7.3년 이내에 획기적인 조치를 하지 않는다면, 걷잡을 수 없는 상황으로 치달아갈 수 있다는 점을 의미한다. 그런 점에서 2021년 5월 22일에 있었던 기후정상회의에서 미국 바이든 대통령이 "우리는 매우 빨리 움직여야 한다"며 지구의 평균 기온 상승 최대치를 산업화 이전보다 1.5℃로 유지할 필요성을 호소했던 것은 큰 의미를 갖는다. 바이든 대통령은 미국이 2030년까지 온실가스 배출을 2005년 수준 대비 50~52% 줄이는 것을 목표로 한다고 밝혔다는 점은 주목할 필요가 있다. 이러한 발언의 포인트는 이미 탄소 감축 정책이 타겟으로 겨냥하고 있는 시기가 2050년이 아닌 2030년 기준으로 이행하였고 더욱이 2℃가 아닌 1.5℃ 기준을 최후의 마지노선으로 하는 변화의 바람을 의미한다.

　최근《IPCC 6차 보고서》가 발간되면서 1.5℃까지 10년 이상 앞당겨진 2032~2035년에 도달할 거라는 예측이 나왔다. 문제는 이 보고서는 영구 동토층의 메탄가스 배출이라는 불확실한 요소를 빼고 나왔다는 점과 양성 피드백을 반영하지 않았다는 점에 있다. 동시에 금세기 중에 급변점, 티핑 포인트가 없을 거라는 보수적이고 낙관적인 전망을 내놓음으로써 각국 정상에게 '정책적으로 지금 행동하지 않아도 괜찮다'는 잘못된 메시지를 내놓은 셈이 되었다. 왜 티핑 포인트가 중요하는가 하면, 그 이후에는 기후위기는 인류가 어떻게 해볼 여지가 없게 되어 버리는 최종적인 지점이기 때문이다. 그러나 IPCC 6차 보고서에는 이러한 지점을 누락했다. 이점은 7.3년 내로 아주 획기적인 전환의 계기를 갖지 않는다면, 인류의 통제권으로부터 기후위기가 완벽히 벗어나게 된다는 점에서 긴급한 현실이 되고 있는 기후위기에 대한 현실 부정이라고 할 수 있다.

Q 17

그레타 툰베리와 청소년기후행동을 다시 생각하다

그레타 툰베리의 업루트더시스템에 대한 단상

금요 결석시위

2018년 뇌신경 정신질환의 하나인 아스퍼거 증후군을 앓고 있던 그레타 툰베리는 금요 결석시위를 감행한다. 이는 기후위기로 인해 더이상 미래 세대가 살아갈 수 없는 현실을 위선적으로 대하고 있는 학교 당국과 체제에 대한 저항이었다. 어른들은 학교를 가야 한다고 말했다. 자신의 미래가 달린 학교를 왜 가지 않느냐고…. 그러나 이에 굴하지 않고 그레타 툰베리는 금요 결석시위를 이어갔다. 이러한 용기 있는 행동에 스웨덴과 전 세계가 반응하기 시작했다. 그는 UN 기후행동 정상회의에서 연설할 때 트럼프 전 미 대통령에게 "어떻게 감히 당신이"라고 말했던 일화가 있다.

2021년 그레타 툰베리는 세계 기후위기 파업에서 업루트더 시스템UpRootTheSystem 다시 말해서 '시스템을 뒤엎자!'라는 메시지를 전 세계 청소년기후행동그룹에게 전파한다. 이는 체제 전환을 본격적인 기후행동의 원칙으로 삼아야 한다는 점을 의미한다. 즉, 자본주의 체제가 유지되는 한 기후위기를 극복되지 않는다는 점을 분명히 한 선명한 메시지였다.

앞서 지난 20일 자정 세계 각국의 기후운동가 5명이 '924 글로벌 기후위기 파업 돌입'을 알리는 온라인 기자회견을 열었다. 한국의 김도현, 스웨덴의 그레타 툰베리, 남아프리카의 가브리엘 글라센, 우간다의 바네사 나가케, 독일의 루이자 뉴바우어 활동가가 대표 발언자로 참여했다. 그레타 툰베리는 "코로나로 지난 1년 반동안 좌절을 많이 겪었다. 이번 기후위기 파업은 저희의 활동이 건재함을 나타내고 기후행동과 기후정의를 요구하기 위함이다. 기후위기의 원인은 전 세계 불평등, 생태위기 등 또 다른 위기들의 원인이고, 각 위기는 개별적으로 해결할 수 없다."라며 '#Uproot The System시스템을 뒤엎자'을 표방하는 이유를 설명했다.[11]

다시 말해서 서로 연결되어 있는 시스템 전반을 바꾸지 않고서는 기후불평등과 기후위기의 원인이 되는 자본주의 문명이 극복되지 않는다는 점을 분명히 한 것이다. 이러한 메시지는 한

---

[11] 김상정, 〈924 글로벌 기후위기 파업, '시스템을 전복하라'〉 교육희망, 2021년 9월 24일

국의 청소년 기후행동의 기본 원칙이 되면서 사실상 체제 전환을 목표로 청소년들이 정치 세력화하는 시발점이 되었고, 기후시민의회의 조직화를 위한 첫 발자국을 뗐다. 사실상 기후위기 상황에서는 기성 정치권과 구분되는 이중권력 상태를 피할 수 없음을 분명히 하고 있다.

체제 전환의 지도 제작

세력	배치의 형태	주체성 생산	제도에 대한 태도	기후 전선체 역할	이행기 전략 구사
임박한 위기파	고른 분포 (좌우 망라)	취약	관심 없음	판 제공	전략 없음
모두의 책임파	사회적 경제, 풀뿌리	취약성과 가능성 모두 가짐	관심 없음	후방	생활 속 전략
기후 정의파	제도 개혁가	가능성 가짐	관심 많음	전위 부대	전략 있음
체제 전환파	노동운동과 변혁 세력	취약	관심 많음	전위 부대	세부 전략과 이야기 구조 빈곤

기후전선체의 내부 배치와 세력 역학 관계

기후전선체의 구도는 다음과 같다. 이 구도 위에 업루트더시스템이 어디에 위치할까? 먼저 기후위기를 임박한 위기 자체로 보면서도 이에 대한 전환의 프로그램이 부재한 임박한 위기파가 있다. 이 임박한 위기파는 좌우를 넘나들며 고른 분포를 보이지만, 기후행동에 나서는 등의 전환에 영향을 주는 행동 양식은 부재한 상황이다. 동시에 모두의 책임파는 그레타 툰베리의 기후행동을 그저 텀블러 사용이나 일회용품 안 쓰기 정도로 의미 축소시키는 세력이다. 이들은 모두에게 책임이 있다고 하면서 기업과 석탄화력발전소, 전기용광로 등의 아주 구체적인 책임 부문에 대해서는 침묵한다. 이러한 모두의 책임파는 제도권에서 주로 구사하는 기후위기 대응 양식으로 죄책감을 유발하여 기후행동에 나서지 못하게 만드는 단점을 가지고 있다.

  업루트더시스템은 기후정의파에 기반하고 있다. 기후위기가 모두에게 평등하게 다가가는 게 아니라, 기후불평등을 초래하여 제3세계 민중들이나 기후난민에게 더욱 가혹하게 다가가는 측면을 지적하고 있는 게 기후정의파이다. 기후정의파는 이행기의 전략을 가지고 있다는 점에서 제도와 시스템에 많은 도움이 될 수 있는 세력이다. 더불어 체제 전환파에도 업루트더시스템은 기반하고 있다. 기존 사회 구조나 시스템을 언급하는 세력들이 갖고 있는 그 일을 해낼 사람을 만들지 못한다는 취약성을 그 내로 삿고 있기는 하시만, 사실상 제제 선환의 상상력과 단호한 단절로서의 전환의 행동 역시도 갖고 있다.

청소년기후행동의 로드맵과 시나리오적 접근

2021년 청소년기후행동은 전격적으로 기후시민의회를 제안하고 행동에 나섰다. 기후시민의회의 업루트더시스템에 들어갈 프로그램과 전환과 이행기의 전략은 무엇일까? 이에 대한 시나리오적인 접근은 '시스템을 뒤엎자!'는 그레타 툰베리의 지도력을 하나의 전환의 상상력으로 만들어 본 거라고 할 수 있다. 여전히 귓전에는 "시스템을 뒤엎자!"는 그레타 툰베리의 단호한 발언이 맴돌고 있다. 그녀의 지도력에 따라 자본주의 시스템을 기후 전환 사회로 긴급히 이행시킬 과제에 응답할 기후행동을 조직해야 한다.

씨앗 단계 2020 ~ 2023	• 기후위기 국가 비상사태 선언 • 기후부총리 제도 신설 • 탄소 종합법, 탄소세, 탄소 시장, 탄소 중립, 탄소 순환 관련 법안 마련 • 재생에너지 종합계획 수립 • 화석연료 석탄석유 제로선언 지자체 수립 • 청소년기후행동의 청소년의회로의 재편성 • 기층단위 구성적 협치, 위기에 강한 협치 단위 편성 • 2~5인 단위의 모듈과 컨비비움 단위의 조직 가속화와 20~40단위의 민회 소집 • 대통령 직속 녹색전환위원회 출범 • 기후펀드를 통한 기후난민 지원 시작

	• 기후보험과 기후금융을 통한 에너지 전환 가속화 • 월별 기후행동의 주간 선포 • 대대적인 기후국채 발행 • 기본소득 제도화
생장 단계 2024 ~ 2016	• 정부기관 및 기업 등에 청소년 의회위원들 배석 의무화, 청소년검증위원회 운영 • 추첨제민주주의에 의한 만민민회 개최 • 기후시민배심 시작 • 기후시민조사단 각 사회분야, 기업분야, 공공분야, 미디어 분야 등에서 조사 활동 시작 • 월별, 주별, 시기별 기후행동 주간 선포 • 대안적 라이프스타일에 대한 시민 합의 도출 • 기후난민 수용 가능한 연방주의 모임 조직화 시작 • 60세 이상 기후, 생태, 환경, 민주주의, 여성 등에 대한 의무교육 시작 • 식량위기 극복을 위한 푸드플랜 재배치, 각급 급식 시설 재편성
열매 단계 2017 ~ 2030	• 행동 감속 원칙에 따라 기후행동 주간 의무화 지정으로 라이프스타일을 주 3일 형태로 이행시킬 것 • 각 민회별로 폭염과 기후재난 대비 비상행동네트워크 설립 • 청소년의회의 권력 일부 이양과 과도 연립정부 개헌 구상 • 기후난민과 연동된 국제기구 개막

- 기후시민조사단의 결과에 따라 사회 재편성
- 국가 비상사태 10년 보고대회
- 민회, 만민민회, 청소년의회, 기존 정부조직 등 범 기후위기 시민내각 구성

3장

동물보호 철학과 식생활 문제

Q 18

먹는다는 것은 무엇일까?
공생명론과 자기생산으로 본 먹는다는 것에 대한 단상

바다와 먹는다는 것

원래 생명이 태동했던 곳은 바다였다고 한다. 그리고 더 정확하게 얘기하자면 생명의 기원은 바다와 육지가 만나는 곳의 파도의 스크럼블 형상이 일어나는 곳이었다. 그곳은 강렬한 차이의 반복, 비스듬한 운동, 편위^{Declination}가 이루어졌던 바로 가장자리, 경계 지섬이였다. 생태철학에서는 가장자리 효과$^{Edge\ Effect}$라고 하면서 주변, 곁, 가장자리, 경계가 가장 강력도가 높은 곳이어서 생명이 창발하기 좋은 곳이라고 한다. 그곳의 유기물 혼합과 합성, 편위가 바로 원시 세균을 만들어내는 엄청난 사건이 이루어졌다. 그리고 유기물 덩어리 속에서 원시 세균은 더욱 증식하면서 자신 내부에 신진대사를 갖고 자기생산했다.

    바다 속 원시 생명은 마치 세균처럼 떠돌아 다녔다. 증식하고 복제와 복사도 하고, 내부 작동으로서의 신진대사도 갖추고 있었다. 그런데 또 하나의 사건이 발생한다. 하나의 원시 세균이 다른 원시 세균을 삼키게 되는 초유의 사태가 벌어졌다. 그것은 영양이나 맛 따위의 이유가 아니라, 다른 원시 세균의 유전자 정보에 내장된 환경 정보를 탐색하기 위해서였다. 그리고 먹는다는 행위가 그때부터 시작되었다. 그것은 주변 환경과 관련된 유전 정보를 얻겠다고 초기 의도와는 달리, 배를 부르게 하고 영양분을 섭취하고 무기질과 유기질을 얻기 위한 것으로 바뀌었지만, 그렇다고 원시세균의 행동으로부터 크게 벗어난 것은 아니다.

현재는 그 먹는다는 것 때문에 남획이 무자비하게 이루어진다. 참다랑어 같은 경우에는 개체수가 감소하여 3%밖에 남지 않았다는 보고가 있다. 바다는 바닥부터 긁어 올리는 촘촘한 어망을 갖고 있는 저인망 트롤어선에 의해서 무자비하게 초토화되고 있다. 산호와 서식지 등이 파괴됨과 동시에 바다물고기가 아예 없는 완전한 제로 그라운드 상태가 된다. 이러한 무자비한 남획으로 인해 2050년에는 전 세계 어획량이 9%밖에 남지 않는 초유의 사태가 벌어질 전망이다. 혹자는 "양식을 하면 되지 않냐?"고 말하기도 한다. 그러나 양식 물고기에 들어가는 사료 역시 물고기이며, 양식 물고기의 3배가 넘는 물고기가 사료로 사용되기 때문에 애초부터 양식은 대안이 될 수 없다.[12]

---

[12] 신승철, Sustain Eat, 〈생태계에서의 생명 간의 공존과 균형을 위하여〉 일부 내용 재인용, 2021 겨울

밥을 먹으면 다 어디로 가나?

이런 질문의 대답으로 "살로 간다, 똥으로 간다" 등이 나오기 일쑤다. 그러나 우리가 먹은 대부분의 음식은 우리 몸의 세포를 재생하는 데 대부분 쓰인다. 뼈는 6개월, 간은 한 달, 피부는 2주일 정도면 모두 세포가 바뀐다. 마투라나와 바렐라는 생명의 본성을 '자기생산'이라고 말한다. 다시 말해서 자기 자신을 만드는 게 생명 활동의 원리라는 것이다. 여기서 자기생산은 재귀적인 순환 논증이자 함입陷入이다. 마치 메비우스의 띠처럼 활동의 목적과 활동의 과정이 일치하는 것을 의미한다. 자기를 만들기 위해, 자기가 열심히 일한다라는 것은 순환과 재생의 생명 활동에서는 당연한 것일 수밖에 없다. 이를 테면 공동체 아이디어회의가 있다고 할 때, 열띤 아이디어 논의가 있는 이유는 바로 아이디어를 낸 공동체를 자기생산하기 위한 것일 수 있다는 점을 발견하게 된다. 공동체는 대부분의 자원-부-에너지를 공동체 자신을 만들기 위한 데 쓴다. 다시 말해서 잉여도 없고 축적도 없는 제로회계의 상황인 것이다. 제로회계는 수입과 지출이 딱 제로가 되는 것을 의미한다. 남기는 것도 없고 그렇다고 아껴서 축장하는 것도 없다.

다시 먹는다는 것으로 돌아가 보자면, 동학東學의 2대 교주였던 최시형은 1885년 설교에서 이천식천以天食天, 다시 말해 "하늘이 하늘을 먹는다"라는 새로운 이야기 구조를 만들어냈다. 천지만물이 한울님이며, 먹는 나도 한울님이기 때문에 하늘이 하늘을 먹는 재귀적인 순환 논증으로 향한다. 먹는다는 것은 자신의 몸을 만듦과 동시에 생명과 일체가 되는 체험의 과정이다. 그래서 먹기 위해 키운 것은 없고, 먹는 것이 소비하는 것과는 차이가 있는 셈이다. 생명과 생명이 한 몸을 이루어서 공존하면서 공생명체가 되는 과정이 먹는 거라고 할 수 있다.

공생명론으로 본 우리의 몸

미국의 여성 생물학자 린 마굴리스Lynn Margulis는 '세포 내 공생론'이라는 이론으로 논문을 투고했지만 연거푸 고배를 마셨다. 그 내용인 즉슨 생명의 진핵세포와 미토콘드리아, 엽록체 등이 사실은 외부에서 유래된 박테리아에서 왔을 거라는 학설이었다. 당시 사회진화론과 같이 비용 편익, 경쟁, 최적 적응의 신화가 정설이 되고 있던 상황에서 공생진화론[13]은 파문을 일으켰다. 특히 공생, 협동, 연대의 상상력을 자극하는 공생명은 보다 여성적이고 부드러운 생태계에 가까웠기 때문이었다. 그리고 미국에서 유전자 지도를 국가적으로 만드는 작업이 이루어졌을 때 린 마굴리스의 작업이 맞다는 게 판명되면서 또 한 번 학계는 발칵 뒤집어졌다. 다시 말해서 우리 몸의 세포 구성원은 무엇을 먹느냐에 따라 결정되는 거라고 할 수 있다.

우리 몸속의 박테리아나 바이러스는 2kg 정도이며, 인간 DNA 중 8%만이 인간의 것이고, 나머지는 외부로부터 유래되

---

13 共生進化論. 생명은 경쟁을 위해서 태어난 게 아니라, 공생과 협력을 위해서 태어났다는 학설.

었을 것으로 추정된다. 특히 DNA의 40~50%는 바이러스 유전자조각에서 유래되었을 것으로 추측되고 있다. 인간의 장에는 1,000개의 세균종이 있고, 폐에는 174종의 바이러스가 있다. 다시 말해서 린 마굴리스는 박테리아와의 공진화共進化를 주장했지만, 바이러스와의 공진화 역시도 함께 상존하고 있는 셈이다. 여기서 박테리아는 자기생산하는 신진대사가 있으면서 동시에 복제·복사하지만, 바이러스는 신진대사가 없으면서도 복제·복사한다는 점에서 차이점이 있다. 다시 말해 바이러스는 사물과 생명의 중간자인 것이다.

먹는 것은 자연과 생명과의 공존이다

원주에서 활동하던 무위당無爲堂 장일순 선생은 농약을 치다 죽는 농부들의 이야기를 들으면서 시대의 파문을 남긴 화두를 던진다. "생명을 살리는 농업이 어떻게 생명을 죽이는가?"라는 질문이 그것이다. 장일순 선생은 유기농업, 친환경농업, 생태농업으로 만들어진 농산물들을 거래하는 한살림농산을 만들면서 당대의 관행농업과 다른 전통을 만들었고, 그것이 한살림소비자생활협동조합의 원형이 되었다. 여기서 밥은 자연과 생명이 호흡하고 숨 쉬고 교감하는 과정일 수 있다. 혼밥이 유행인 시절에 생협 주부들의 공동체 밥상을 지속시키는 노력이 눈물 날 정도이다. 동시에 그 생협 주부들이 가볍게 소비하고 빠르게 먹어치우는 패스트푸드가 아니라, 발효하고 저장하고 요리하는 슬로푸드를 만드는 과정 역시도 자연과 생명의 속도에 교감하는 거라고 할 수 있다.

90년대 한살림생협에서 격렬하게 논쟁되었던 게 바로 고기를 매장에서 다룰 것인가의 여부였다고 한다. 육식의 그림자는 환경을 파괴하고 생명을 죽이는 행위이기 때문이다. 그 결과 생명을 생명답게 기르는 동물복지축산 제품만을 다루는 것으로 일단락되었지만, 육식 자체를 줄이려는 고민과 성찰이 느껴지는 대목이다. 동시에 한살림생협에서 제철 채소와 과일을 다루는 것을 통해서 계절과 절기살이라는 자연과 생명의 순리와 하나되면서 동시에 냉난방에 쓰이는 화석연료를 줄이려는 노력 역시도 돋보인다. 더욱이 가까운 먹을거리운동을 통해서 국제 물류 유통으로 들어오는 수입 먹거리가 아니라 로컬푸드를 통해서 운송, 수송, 이동에 드는 화석연료를 줄이자는 생활 속 실천이 한살림에서 들불처럼 일어났다.

우리가 먹는 밥은 하늘이다. 밥을 모시는 것은 굳이 영성적인 행위가 아니더라도 우리의 몸을 돌보는 행위일 수 있다. 밥이 우리의 몸을 만들기 때문이다. 먹는다는 것은 자연과 생명과 하나되는 과정이며, 단지 소비와 향유를 위한 거라고 할 수 없다. 먹거리를 소중히 여기며 실천하는 생협 조합원들의 실천과 실험은 우리의 몸만큼이나 소중한 공동체와 지역 사회를 자기생산하고 재생하는 과정일 수 있다. 우리는 먹는다는 것의 의미가 얼마나 크고 광활한지를 깨달으며, 밥 한 끼를 못 먹고 울다 잠든 제3세계 아이들과 기후난민을 생각하며 소중하고 성스러운 밥상을 맞이해야 한다.

Q 19

실험동물윤리 3R의 쟁점들
동물실험이라는 필요악을 줄여나가기

동물실험의 빛과 그림자

우리가 쓰는 화장품, 세재, 비누, 치약 등 많은 생활용품들과 의약품 등이 동물실험을 거치고 있다는 사실은 잘 알려져 있지 않다. 보통 '드레이즈 테스트 Draize Test'라는 토끼 눈에 화학물질을 넣어 궤양과 탁도, 결절을 살피는 실험이 생활용품에 있어서 빈번하게 이루어신나. 문세는 동물실험 이후에 내부분의 실험동물들이 죽는다는 사실이며, 생명의 도구화가 가장 적나라하게 드러나는 곳이 실험실이라는 점이다. 실험동물에게 가장 치명적인 실험이 바로 독성실험인데, '반수치사실험'이라고 하는 동물실험은 전반이 죽을 때까지 화학물질과 유독물질을 주입한 채 유지되는 치명적인 실험이다. 이렇듯 실험동물의 고통의 대가로 우리의 문명이 유지되고 있다는 점에서 실험동물에 대한 최소

한의 예의와 배려가 필요하다. 그런 점에서 영국 왕립학회에서 의뢰해서 1959년 러셀$^{WMS\ Rusell}$과 버크$^{R.L.\ Brurch}$ 등의 노력에 의해서 만들어진 3R이라는 척도가 중요하게 부각된다.

 3R은 감소^{Reduction}, 고통 정제^{Refinement}, 대체^{Replacement}로 구성되어 있는데 그 중 대체가 강조되고 있다. 여기서 대체가 이루어진 항목 중 학교에서의 개구리 해부실험에 모빌이, 독성실험에 유정란이, 개코원숭이를 동원한 충돌실험이 로봇으로 대체되고 있다. 최근 컴퓨터 시뮬레이션과 인공 신체의 비약적인 발전으로 동물실험을 대체할 만한 수준으로 기술발전이 있었다. 독성 편차가 5~25%인 동물실험의 유의미성조차도 의심되는 상황에서 대체 방법을 적극적으로 모색해야 할 시점이다. 무엇보다도 세상에 하나밖에 없는 존재로서의 유일무이성을 갖는 생명에 대한 올바른 태도 정립을 위해서라도 동물실험을 줄여나가는 노력이 필요하다.

감소^{Reduction}의 방법

동물실험에 동원되는 개체수를 급격히 줄일 필요가 있다. 실험의 유의미한 결과를 낳을 최소수를 산정할 필요가 있으며, 불필요하게 많은 수를 동원하여 고통을 줄 이유가 없다. 감소의 방법은 보통 10마리의 실험동물이 책정되면 최소수 산정을 통해서 4~5마리로 줄이는 것이다. 이를 위해서 먼저 이 실험이 중복실험이 아니라는 것을 문헌 검색을 통해서 입증해야 한다. 불필요한 중복실험은 동물들에게만 고통을 줄 뿐 학문적 성과가 없기 때문이다. 또한 시험관 실험$^{In\ Vitro}$에서 입증된 물질만을 생체실험$^{In\ Vivo}$에 투여함으로써 실험 자체에 사용되는 물질에 대한 입증이 요구된다. 이를 통해 불필요한 실험이라고 생각되는 잉여분을 끊임없이 덜어낼 필요가 있다. 더욱이 담배 독성실험이나 슬레이트 실험과 같이 이미 독성과 유해성이 입증된 물질이거나 인간에게 이미 효능이 입증된 물질 등에 대해서는 불필요하게 동물실험을 할 이유가 없다. 그러기 위해서는 끊임없이 문헌 검색과 정확한 판단을 통해서 동물실험을 줄여나가는 방향성으로 연구자들이 태도를 취해야 한다. 감소의 방법으로는 ① 실험에 유의미한 결과를 기준으로 절대적인 최소수 산정, ② 정보 공유 : 문헌 검토와 검색을 통한 중복 금지, ③ 정확한 실험 설계 및 결과에 대한 정교한 분석 : 실수 미숙으로 인한 반복 실험 방지, ④ 연구 계획 및 규정에 맞는 실험동물 채택, ⑤ 동물 공유 : 일부 장기만 필요한 실험의 경우 다른 실험실에 활용 방법 타진 등이 있다.

정제^{Refinement}의 방법

정제는 고통 감소의 영역이며, 실험동물이 처한 고통등급을 낮추기 위한 노력이나. 보통 마취제나 신경안정제 등이 투여되는데, 그럼에도 불구하고 동물실험 전반은 고통으로 가득하다. 고통이 너무 극심해서 여러 가지 증상을 보이면 실험을 일찍 종료하는데, 이를 '엔드 포인트$^{End\ Point}$'라고 한다. 인도적인 시점에서 실험을 지속하는 게 너무 큰 고통을 준다면, 안락사를 진행한다. 안락사에 있어서도 너무 큰 고통을 주는 방향이 아니라, 이산화탄소 가스법을 통해 잠들면서 절명에 이르는 방법을 쓴다. 그럼에도 불구하고 실험 과정에서 동반되는 고통은 가혹하기 그지없기 때문에, 실험 자체를 줄이거나 없애는 방향으로 끊임없이 모색하고 나아가야 한다. 실험동물의 입장에서는 엄청난 고통을 주는 방법이 있다면, 그러한 방법을 설계 단계에서부터 고려사항으로 두어야 한다. 이를 정제, 즉 고통 감소의 방법에는 ① 실험동물의 고통 감소를 위한 조치들$^{마취제\ 등}$, ② 고통등급을 낮추는 실험 방법 채택, ③ 행동 풍부화를 위한 조치들, ④ 동물종에 따라 행동 습성을 고려한 생활공간 마련, ⑤ 동물 습성에 맞는 깔집, 먹이, 물 등의 동물복지 조치, ⑥ 고통이 심할 경우를 대비해 적절한 엔드 포인트 설정, ⑦ 안락사 과정에서 고통이 없도록 하는 것, ⑧ 사육사와 실험자 동물윤리 교육 등이 있다.

대체^{Replacement}의 방법

대체법과 관련해서 한국에서도 실험동물 대체법학회가 활발하게 활동하고 있다. 최근에는 동물들에게 적용하던 피부감작법과 관련된 인공 피부가 개발되어 동물실험을 대체했다. 앞서도 얘기했듯이 컴퓨터 시뮬레이션과 인공 신체는 비약적인 성장을 하였고, 동시에 동물실험에 대한 가격경쟁력 역시 갖추고 있다. 이러한 상황에서 적극적인 대체법의 구사가 학계나 산업계에서 필요한 게 사실이다. 『탐욕과 오만의 동물실험』의 저자인 레이 그릭과 진 스윙글 그릭이 말하는 대체의 방법에는 다음과 같은 방법이 있다. ① 환자에 대한 임상연구$^{환자\ 동의\ 필요}$, ② 시험관 연구$^{In\ Vitro}$와 줄기세포^{세포단백질연구}, 세포연접평가, 세포증식, 세포형태, 방사선 물질로 인한 손상, 미세영상촬영분석, ③ 부검$^{진단되지\ 않는\ 질병여부\ 확인}$, ④ 역학$^{직업병\ 등\ 산업화학물질과\ 질병의\ 유관성}$, ⑤ 수학적 모델링과 컴퓨터 시뮬레이션 연구, ⑥ 유전학적 연구$^{DNA염기서열\ 분석, 유전자지도작성, 생물정보학}$, ⑦ 진단영상$^{초음파, 컴퓨터\ 단층촬영}$, ⑧ 출하 후 약물감독$^{부작용\ 보고서\ 작성}$, ⑨ 인간 생체 부산물 이용 등이 그것이다.

대체 분류의 특징으로는 직접적 대체인 토끼 피부 자극 실험을 인간 피부조직을 이용한 대체시험으로 향하는 방법이 있고, 간접적 대체인 토끼를 이용한 발열성 시험을 내독소 시험이나 사람 혈청을 이용한 시험 등으로 구분된다. 또한 상대적 개체인 미생물, 식물, 배양세포, 초기 배아, 파충류, 양서류 등 하등 동물로 대체가 있고, 완전 대체인 컴퓨터 시뮬레이션 등으로 구분된다.

불필요한 동물실험 줄이기

EU의 화장품 동물실험 금지와 교역 금지법이 2013년 3월 11일 발효되었다. 화장품의 해당 물질이 70~80년대 모두 동물실험이 완료되었음에도 불구하고 관행적으로 이루어지던 동물실험의 고리를 끊어내는 조치였다. 우리 사회에도 비건 화장품이나 동물실험을 하지 않는 토끼귀를 한 화장품이라고 불리는 이러한 제품들이 선풍적인 인기를 끌고 있다. 이는 시민들이 불필요한 동물실험을 줄여나가려 하는 새로운 시도이다.

 우리는 인간의 생명을 살리기 위해서 동물들이 희생 당하고 도구화되고 있는 현재의 상황을 극복하기 위해서 노력해야 한다. 그렇기 위해서 의약품 혜택을 입고 있는 시민들은 실험동물들에게 고마움으로 응답하기 위해서 보다 엄격한 동물윤리 적용을 요구해야 한다. 그 시작은 바로 3R에 있다. 사실 2008년도 동물실험윤리위원회가 각급 실험실의 동물윤리 심의기관으로 발족한 데에는 황우석 사태를 겪고 나서였다. 이는 시민들이 보다 엄격한 동물윤리와 실험윤리, 생명윤리의 적용을 요구했던 움직임이 만든 성과였다. 이러한 시민 사회의 개입은 실험실을 사회윤리의 사각지대로 만들지 않기 위한 민주주의 시작이다. 우리는 생명을 도구화하고 있는 현재의 문명을 성찰하고 반성해야 한다. 이를 통해서 비인간 생명과 인간간의 공존과 화해, 공생을 꿈꾸어 본다.

Q 20

사회의 실험실화 과정을 넘어서, 실험실의 사회화로[14]

사회와 실험실의 공진화를 위한 단상

도처에 있는 실험실 모델

"이거 한번 실험삼아 해볼까?" 이런 제안이 있다면, 우리는 곧장 실험실 환경을 둘레 환경에 만들어 버린다. 그리고 주체와 대상, 실험자와 피실험자를 구분하고 호기심 어린 재미난 실험 과정으로 향한다. 실험의 과정은 구체적인 실험실이 없더라도 곧바로 가능한 우리들의 행위 양식 중 하나이다. 그리고 우리는 전지적全知的 관찰자 시점에 있는 것처럼 실험의 대상이 된 우리의 친구들을 바라보고, 그러한 반응을 보이는지 능청스럽게 바라본다. 물론 연구윤리에는 위반되는 행위이지만, 일종의 장난이라고 할 수 있다. 그래서 결국 "사실은 실험이었고, 결과는

---
[14] 2022년 4월 광학회에 실렸던 글이다.

이렇다"라고 말하면 "꺄르르" 웃음보가 터져 나오기도 한다.

    나는 동물실험윤리위원으로 실험실을 10년 전부터 출입해 왔다. 이따금씩 동물실험의 환경과 설정 등을 들여다볼 수 있는 기회도 가졌으며, 간혹 아파트형 케이지 속의 실험용 쥐들이 방문한 나를 호기심을 가지고 바라보는 시선에 부담을 느끼기도 했다. 실험실은 외부로부터 격리되어 있었고, 이상적 이론의 상태처럼 습도, 온도, 조도, 공기질 등이 균형을 이룬 곳이었다. 실험실로 들어간다는 것은 외부와 완벽히 격리된 폐쇄 환경의 문턱을 넘는 거였기 때문에 '실험실이 무엇 때문에 생겨났을까?'라는 의문을 가끔씩 품곤 했다.

실험실 모델의 원형, 플라톤^{Plato}의 이데아와 시뮬라크르

철학시간은 지긋지긋한 이야기 때문에 졸음이 오는 것도 사실이다. 특히 고대 형이상학 과목이었던 〈플라톤〉이라는 수업 시간은 세 번 연속 과락을 할 정도로 나에게는 어려움의 대상이었다. 플라톤은 이데아^{Idea}이라는 원형적이고, 완벽하고, 이상적인 공간이 어딘가에 있다고 말하다. 여기서 세상에는 찌끄러지고 빗나가고 굴곡, 요철, 주름이 있는 삼각형이 있는가 하면, 또 어딘가에 세 각의 합이 180°로 이루어진 완벽한 삼각형도 있을 거라는 추측도 가능하다. "그러한 완전한 세상이 어디에 있는가?"라는 질문을 던져본다면 나는 다시금 실험실 환경을 떠올리게 된다.

원본으로서의 완전한 삼각형은 이데아 세상을 상상하게 만든다. 그러나 원본이 복제·복사되어 원본으로부터 멀어져 완전히 다른 형체를 갖는 사본이 될 때 그것을 '시뮬라크르^{Simulacre}15'라고 부르는 것에 이른다. 교수님은 "어떤 게 실재하는 것이냐?"는 질문을 던지신다. 그러나 나는 플라톤의 실재론^{Realism}의 전통에 따라 완전한 삼각형이 실재하는 게 아니라, 시뮬라크르로서의 불완전한 삼각형이 현실에서 실재하는 것 아니냐는 질문을 던졌기 때문에, 밉게 보일 수밖에 없는 학생이었다. 그런 점에서 플라톤이 창립한 아카데미의 전통은 이데아 세상을 현실에 구현하고자 하는 실험실 환경이기도 하다. 곧바로 근대의 분석 실재론과 실험실 환경의 조성이 뒤따랐다.

블랙박스 유형 모델에서의 전문가주의

실험실 환경은 블랙박스$^{Black\ Box}$ 유형의 현실이다. 처음에는 파스퇴르의 구부러진 플라스크로부터 시작하여 격리, 분리, 폐쇄로 이루어진 환경에 대한 발상은 실험실로 구체화되었다. 블랙박스는 안에서 무엇이 이루어지는 지 알 수 없는 상황에서 밖에서는 작동을 잘 하고 있는 것을 의미한다. 다시 말해서 본질과 이유는 알 수 없지만, 작동과 양상은 알 수 있다. 근대는 사물, 세계, 생명의 본질에 대한 질문을 회피하면서 형이상학적인

---

15 실제로는 존재하지 않는 대상을 존재하는 것처럼 만들어놓은 인공물을 지칭한다. 실제로는 존재하지 않지만 존재하는 것처럼, 때로는 존재하는 것보다 더 실재처럼 인식되는 대체물을 말한다.

질문으로부터 최종적으로 벗어났다. 생명의 경우만 보더라도 "왜 태어났니?"를 대답할 수 없는 게 대부분이고, 작동으로서의 생명 활동만을 파악할 수 있기 때문이다.

 블랙박스 유형은 가전제품 유형이기도 하다. 어릴 적에 나는 라디오 조립에 능숙했었다. 그러나 스마트폰 이후부터는 그 내부 작동은 전혀 손을 댈 수 없게 되었다. 다시 말해 전문가들만이 내부의 기능과 작동을 알 수 있는 셈이다. 그것은 마치 의사의 휘갈긴 진료 차트가 무슨 의미인지, 판사의 판결문 내용이 무엇인지를 모르는 것과 마찬가지이다. 전문가들만 알 수 있는 언어는 지식에 독점적인 지위를 갖게 한다는 점에서, 지식의 민주주의와 정반대의 상황으로 향하게 한다. 실험실이라는 블랙박스 유형의 현실은 전문가들의 아성을 만드는 데 도움이 되었으리라 짐작이 되는 대목이다.

근대, 사회 실험실화 과정

근대에 접어들면서 사회 실험화 과정이 전개되기 시작한다. 학교, 군대, 감옥, 병원, 시설, 정신병원 등은 실험실 유형으로 재조직화된다. 마치 실험자가 피실험자를 대하듯 하는 태도와 배치가 설립된다. 그것이 근대의 주체[Subject]를 형성했던 비밀이기도 하다. 주인공 담론이라고 할 수 있는 주체는 능동적이고, 대상으로서의 소수자, 민중, 생명, 자연은 수동적이다. 그것은 실험을 가하는 사람과 실험을 받는 사람의 태도로부터 연유한다.

대상이 되는 소수자, 민중, 아이, 생명 등은 고분고분 주체의 말을 잘 따라야 하기 때문에, 훈육, 규율, 통제는 기본이 된다. 그 상황은 다음과 같다.

> 작업장, 학교, 군대에서는 이러한 미시적 형벌 제도가 만연되어 있었다. 그리하여 시간, 활동, 품행, 말투, 신체, 성의 표현 등이 처벌의 사항이었다.
> – 미셸 푸코의 『감시와 처벌』 중에서

결국 근대 사회의 실험실화 과정은 인간이라는 주체에 의해서 자연과 생명, 소수자, 민중, 아이들이 도구화되고 규율되고 훈육되고 실험되었던 사회시스템을 만든다. 또한 그 공간은 외부로부터 격리되고 분리된 폐쇄 환경이라는 특징을 갖는데, 이 역시 실험실 환경에서 연유한다.

황우석 사태 이후의 실험실 사회화 과정

2005년 황우석 박사는 배아줄기세포 추출에 성공했다고 국제저널에 논문을 발표하여 한국 사회를 떠들썩하게 만들었다. 그러나 PD수첩의 집요한 취재 결과 난자 출처의 의혹뿐만 아니라, 논문의 진실성 여부까지 모두 허위였음이 폭로된다. 너욱이 황우석 박사의 실험 과정은 생명윤리, 실험윤리, 연구윤리 등을 모두 위반했다는 사실이 밝혀졌다. 한국 사회는 양 갈래로 분열되어 홍역을 앓았으며, 민주주의 자체에 위기 의식이 느껴지는 유사파시즘 상황이었다. 그 과정에서 참여연대 등이 연구자 공동체에 시민 사회가 개입하는 합의회의를 제안하기도 했다. 급기야 2008년도에 동물실험윤리위원회가 발족하여 과학기술에 대한 심의민주주의를 작동시키는 심의기구로서 제도화된다.

결국 실험실 환경은 외부로부터 격리되고 분리되고 폐쇄된 게 아니라, 시민 사회의 개입과 숙의와 합의 과정에 따라 연구가 수행되어야 한다는 점에서 실험실의 사회화 과정이 구체화된다. 그 과정에서 시민과학이라는 새로운 시민 참여형 과학이 등장하기도 했다. 시민과학은 아마추어 전문가들이 서로 지적이고 환경적인 배경을 모른 채 클라우드소싱 형태로 프로젝트를 운영하고, 실험실의 사회화 과정의 극한이라고도 얘기된다. 결국 실험실 환경은 사회를 향해 열려 있어야 하며, 숙의, 합의, 심의 과정에서 사회와 과학기술은 서로 공진화해야 한다.

이전 생태주의자들은 자연생태계 속에 실험실을 포함시켜야 할 지 배제해야 할 지를 숙의할 때 주로 배제하는 쪽으로 얘기되었다. 그러나 브뤼노 라투르$^{Bruno\ Latour}$ 등의 사회구성주의는 실험실과 자연생태계를 통섭적으로 바라보는 ANT$^{Actor\ Network\ Theory,\ 행위자\ 네트워크이론}$를 개방하였다. 마찬가지로 실험실과 사회 역시도 통섭적인 과정이라고 할 수 있다. 그러한 사회와 교직된 새로운 실험실 환경에서 과학연구 공동체의 도전과 혁신을 기대해본다. 그런 점에서 과학은 자신만의 언어가 아니라 사회화된 언어로 설명할 수 있어야 하고, 사회의 심의, 합의, 숙의 과정이 늘 실험실에 보이지 않게 스며들어야 한다.

Q 21

육류세를 통해 동물복지기금을 조성하자.
동물복지축산 인증제에서 지원 제도로의 이행에 대한 단상

육식의 폐해

최근의 폭염은 지구생태계의 이상증후이기도 하다. 지구온난화로 인한 기후변화가 위기의 수준으로 우리 앞에 다가와 있다. 이러한 기후변화의 주범들 중 하나가 바로 육식이라는 점에 주목해 볼 필요가 있다. 육식이 기후변화를 초래한다는 근거는 바로 소의 방귀와 트림에서 배출되는 온실가스인 메탄가스^{CH4}에 있다. 방귀와 트림 때문이라면 정말 소가 웃을 일이지만, 축산업이 만들어낸 메탄가스의 영향력은 실로 가공할 만하다. 메탄가스는 이산화탄소의 22~25배에 달하는 온실 효과를 유발하며, 대기 중에 30년 동안 머문다. 2009년 민간 연구기관인 월드워치연구소가 육식이 온실가스 배출 51%를 차지한다고 보고함으로써 육식의 문제점에 대한 논쟁은 시작되었다. 이미 2007년에

IPPC^{국제식물보호협약}는 13.5%로 보고했고, 가장 공신력 있는 유엔 산하 국제식량기구^{FAO}는 《축산업의 긴 그림자》라는 보고서에서 육식이 온실가스에서 차지하는 비중을 14~22%로 보았다. 그 수치가 어찌 되었건 기후변화의 발생요인 중 상당히 큰 부분을 차지하는 것은 분명하다.

물론 육식의 문제는 기후변화에만 한정되지 않는다. 육식의 폐해로는 과다한 똥과 오줌에 의한 질소 순환계의 이상 징후, 즉 해양생태계의 녹조, 적조, 산소 없는 물 덩어리의 등장이 있다. 더불어 기아 문제에 있어서 육식으로 이루어진 제1세계 사람들의 1인분 식사가 곡물로 이루어진 제3세계 사람들의 9~22인분 식사에 해당한다는 보고도 있다. 바로 농장 동물이 먹는 곡물의 총량을 계산해 보면 그렇다는 것이다. 칼로리 계산법에 따라서 육식에 소요되는 에너지량을 계산해 보자. 하루 필수열량이 2,000kcal라면 관행농은 여기에 세 배의 화석연료량을 필요로 하기 때문에 6,000kcal라고 할 수 있다. 그런데 육식 한 끼 식사가 제3세계 사람 22인분의 식사에 해당한다면 6,000×22kcal로 계산된다. 여기서 1kcal는 1kg의 물을 0℃에서 100℃로 올리는 에너지량의 1/100이다. 계산기를 두들겨 본 사람이라면 육식이라는 게 얼마나 화석연료와 에너지를 소모하는지 알게 되면 혀를 내두를 것이다.

또한 상품을 생산하고 유통하고 가공하고 폐기하는데 드는 물의 총량을 산정하는 '물발자국'이라는 개념이 있는데, 물발자국이 가장 높은 음식이 바로 육식이라는 사실에 주목할 필요가 있다. 동물을 도살하고 씻기는 물은 2급수로서 사람이 수영을 할 수 있는 물이며, 간단한 정수 과정을 거쳐 식수로 사용이 가능한 물이다. 생태학자 피멘델은 "황소 한 마리를 도살하는 물의 양은 구축함을 띄울 정도이다"라고 주장하기도 했다. 특히 기후변화로 인해 물 부족이 심각한 상황에서 육식을 먹는다는 것은 식사에 소요되는 물의 양을 극대화하는 결과를 낳는 것이고, 식량 생산에 필요한 농수인 빅워터와 경쟁하는 결과를 낳는다.

또한 공장식 축산의 열악한 환경에도 농장 동물을 살게 만드는 항생제와 성장호르몬제의 폐해는 말로 표현할 수 없을 정도이다. 각급 병원에서 항생제 내성을 가진 슈퍼박테리아가 종종 창궐하는 이유에도 값 싼 육식을 위해 사용되는 과도한 항생제와 깊은 관련이 있다. 더욱이 성장호르몬제는 여성의 초경을 빠르게 만드는 효과를 갖는다는 점이 드러나고 있다. 공장식 축산업자들은 항생제와 성장호르몬제를 칵테일하면 더 효과적으로 비육된다는 점을 발견했다. 이에 따라 빠른 속도로 키워서 빠른 기간 내에 도살하는 게 지금의 공장식 축산업의 모습이다. 이는 생명을 고기 만드는 기계로 효율적으로 살을 찌우는데 관심이 있을 뿐, 생명이 생명답게 길러지고 그 처우와 환경이 어떠해야 하는지에 대한 관심이 전혀 없다는 점이 문제점이다.

육식의 폐해 중 또 거론할 부분은 파시즘과의 연관성에 있다. 20세기 초 호르그히이머Horkheimer가 주도한 프랑크푸르트 써글에서는 당시 왜 독일 사회에 파시즘이 발흥하게 되었는지를 규명하고자 노력했다. 그 결과 근본적인 이유 중 하나가 도구적 이성, 즉 생명의 도구화라는 사실을 발견한다. 이는 동물을 볼

거리, 입을거리, 먹거리로 간주하는 문명이 결국 신체로 연결된 인간에 대한 태도와 관련돼 있다. 즉, 생명의 도구화는 이주민에 대한 혐오, 소수자에 대한 차별, 노동자에 대한 착취로 전개될 거라는 점이다. 그 결과가 바로 증오와 혐오의 파시즘이다. 그런 점에서 왜 생명권이 민주 사회를 이루기 위한 토대일 수밖에 없는지를 역설적으로 알려주는 게 도구적 이성이 던져준 교훈이다.

동물복지축산의 철학

공장식 축산업에 기반한 육식으로부터 벗어나 채식이나 동물복지축산에 대한 관심은 나날이 늘어가고 있다. 특히 동물복지축산의 철학은 "조금씩 가끔 제 값 주고 제대로 알고 먹는 것"이다. 동물복지축산은 생명을 생명답게, 그리고 환경에 덜 영향을 끼치고, 건강에 이로운 방향성을 갖고 있다. 과거의 근본주의적이고 엄격한 생태주의와는 달리 영구 개량영구 혁명의 과정적이고 진행형적인 것을 중시하는 게 동물복지축산의 철학이다. 근본적으로 육식을 끊는 방법도 있을 수 있지만, 보다 현실적인 방안으로 육식을 줄여나갈 수 있는 방법으로 동물복지축산이 재조명되고 있다. 물론 보는 이에 따라 생명의 도구화의 틀로부터 크게 벗어나지 못했다는 비판도 있을 수 있다. 그러나 동물복지축산에서 길러지는 농장 동물의 처우와 환경, 대하는 태도와 수명, 삶의 조건 등을 전반적으로 따져본다면, 마치 과거 소농축산에서 동물을 가족 같이 여기고 기르는 것처럼 동물의 삶의 섬세한 부분에 신경 쓰고 있음을 금방 알 수 있다.

동물복지축산의 철학은 유사 이래 지속되어 온 가족처럼 함께 사는 소농축산으로부터 시작되지만 ① 항생제 대신 약초와 한약재를 달여 먹여 자가면역력을 향상시키는 무항생제 축산, ② 농사의 부산물을 이용해서 순환 형태를 띠는 유기축산, ③ 축사의 면적과 처우, 환경을 중시하는 친환경 축산, ④ 마지막으로 조도, 명도, 습도, 공기, 물, 음식, 면적 등을 합리적이고 과학적으로 설계한 동물복지축산 등으로 종류를 구분해 볼 수 있다. 동물복지축산물을 이용한다는 것은 생명에게 한 표를 주고, 환경에게 한 표를 주는 효과를 가질 수 있으며, 소비자의 건강에도 이롭고 더욱이 과도한 육식으로부터 벗어날 수 있다. 그러나 한국 사회에서 동물복지축산은 인증 제도 등을 갖고 있으나, 아직 제대로 확산될 수 있는 지원 제도 등은 미미하다. 동시에 가격이 30% 정도 비싸다는 점에서 소비자에게 외면되고 있는 것도 사실이다. 최근 한살림소비자생활협동조합의 돼지고기 냉동육의 경우에는 친환경 축산이 공장식 축산업과 견주어서 가격경쟁력 면이나 여타 생명에 대한 처우와 복지 면에서 그 우수성을 더할 수 있다는 가능성을 던져 주었다. 사실 초기 한살림생협에서 육류를 물품으로 다룰지 말지 치열한 논쟁이 있었으나 동물복지축산에 기반한 육류를 유통시킴으로써 그 활로를 찾고 있는 것도 사실이다.

육류세에 대한 단상

이런 상황에서 공장식 축산에서 동물복지축산으로의 전환하는 기금을 마련하고, 육식 중심의 식습관을 전환할 수 있는 방법으로 육류세를 생각해 볼 수 있다. 육류세는 기후세, 탄소세, 환경세 등과 함께 향후의 증세 방향성을 의미하며, 전환 사회의 씨앗자금을 마련하는 귀중한 기반이 될 것이다. 결국 육류세는 과도한 육식을 줄이는 조절 기능을 갖는 것이고, 동시에 지구에 하중을 많이 주지 않는 방향으로 향할 수 있는 교두보라고 할 수 있다. 동물복지축산의 확산과 발전을 위해서 정부는 '모아서 나누는' 공공의 역할에 따라, 육류세로 공장식 축산업에서 세금을 걷어 동물복지축산의 지원금으로 나누는 역할을 해야 한다. 다시 말해 동물복지축산을 인증 제도를 통한 방법을 넘어서 육성과 지원의 방향으로 선회하고, 가격경쟁력 측면에서도 공장식 축산물에 세금을 부과함으로써 동물복지축산에 유리한 방향으로 이끌 수 있는 정책이 육류세이다. 동시에 기후변화 시대에 육류세는 탄소 감축 효과 역시도 가질 거라는 점에서 시급히 도입되어야 한다.

최근 생활협동조합을 기반으로 동물복지축산도 소비자 조합원들에게 어필할 수 있는 기회를 얻고 있다. 이제 시민과 소비자들에게 생명과 건강과 지구에 이로운 동물복지축산의 이점을 확산시킬 수 있는 획기적인 계기가 필요하다. 그것이 바로 육류세의 제도화이다. 되도록 육식을 삼가는 식습관이 필요하며, 이를 위한 제도적 노력의 시작은 육류세이기도 하다.

Q 22

사회적농업, 농업의 사회화와 시민화
농업의 사회화와 사회의 농업화 사이에서의 단상

사회적농업을 어떻게 볼 것인가?

우리 시대, 지금 여기에서 사회적농업을 얘기하는 이유는 무엇일까? 우리가 살아가는 토대를 이루는 거대한 판이 바로 농업이자 먹거리이다. 그러나 우리는 이와 분리되어 있으며, 그 영향으로 우리의 마음 역시도 생명과 자연과의 공존과 치유, 돌봄과 멀어져 있다. 이에 따라 농업을 삶의 일부로 만드는 첫 단추는 바로 사회적농업이 주장하는 '농업의 사회화'에 있다. 물론 보는 이에 따라 현재의 생태계 위기가 농업으로의 전환 사회를 요구한다는 점에서 '사회의 농업화'라는 필요 조건과 현재의 농업 자체의 의미와 가치를 확산함으로써 풍부하고 다양한 사회 생태계를 조성한다는 점에서 '농업의 사회화'라는 충분 조건을 분리시킬 수도 있다. 그러나 사회적농업은 이 두 영역을 통합한 새로운 개념이라고 할 수 있겠다.

현대의 농업은 두 가지 방향성을 가지고 있다. 일단 대지를 양육하고 돌보고 살리는 방향으로 향할지, 대지를 쥐어짜고 약탈하는 방향으로 향할지에 대한 갈림길에 있다. 전자의 방법을 '포이에시스^{Poiesis}의 방법론'이라고 하고, '제작^{Poien}'이라고 불린다. 이는 대지를 살림, 돌봄, 보살핌, 섬김, 모심으로 향했던 유기농업을 지칭한다. 이에 비해 후자는 '테크네^{Techne} 방법론'이고, 관행농업과 첨단농업에 해당한다. 이 두 방법론에 따라 농업의 위치 설정이 달라진다. 농약과 화학비료, 제초제를 대지에 투하하는 관행농이나, 에너지 의존도가 높은 첨단농이 사회 통합에 기여할 수 있다고 생각되지 않기 때문이다.

지금까지 우리는 흔히 농민이라고 하면 토착성, 연고성, 장소 귀속성에 따라 대지에 예속된 사람이라고 보는 경향이 있었다. '흙에서 태어나 흙으로 돌아간다'라는 순환적 세계관은 곧 토착성에 따라 자유롭지 않는 소농에 대한 개념으로 향한다. 이런 점에서 농민이라는 주체성의 위치를 새롭게 재규정해야 할 필요성이 있다. 즉, 오히려 시민^{Citizen}이라는 개념과 마찬가지의 위상을 갖는 자유인의 위상으로 설정해야만 농업의 사회화 과정에서 유리한 배치에 설 수 있다. 그렇기 때문에 농민이라는 주체성은 마을공동체, 도시재생, 푸드플랜$^{Food\ Plan}$, 도시농업 등과 별도가 아니라 이를 통해서 새롭게 주체성 생산이 이루어진 자유인이다. 따라서 장소 귀속성이나 토착성에 따라 사유되었던 농민이 이제는 농업의 사회화, 즉 사회적농업에 따라서 자유인으로서 색다른 주체성으로 재창안되어야 한다.

농업의 사회화와 동시에 사회의 농업화 역시도 매우 시급하다. 기후변화, 생물종 대량 멸종, 생태계 위기가 목전에 와 있기 때문이다. 식량위기는 먼 미래의 문제가 아니며, 시민의 삶을 재편할 핵심 변수이다. 왜냐하면 유사 이래 한 번도 인류는 흙 문명으로부터 벗어난 적이 없기 때문이다. 동시에 4차 산업혁명으로 일자리가 사라질 거라는 전망에 대한 대안은 단연코 농업이다. 환경위기가 심각해질수록 소농의 역할과 위상이 매우 커져가고 있음을 누구나 직감하게 된다. 산업 사회의 패러다임이 녹색사회 패러다임으로 이행하기 위해서는 사회의 농업화가 가장 큰 숙제일 수밖에 없다. 그렇기 위해서는 농업을 정규 과목으로 만듦과 동시에 은퇴 세대와 시니어들에 대한 농업의 의무교육이 제도화 되어야 한다. 지금 필요한 것은 50~60대 세대의 의무교육이다. 그 내용은 사회적농업이다.

여기서 사회적농업은 하나의 교두보이다. 농업의 사회화와 사회의 농업화를 동시에 이룰 수 있는 작은 단초이다. 사회적농업은 전환 사회라는 새로운 지평으로 이끌기 위한 마중물이다. 이를 통해 농업의 대지에 대한 부드러운 양육과 돌봄의 약속에 모두가 더불어 참여할 수 있는 사회 생태계를 조성해야 한다.

농업 다기능성을 통한 기능 분화된 사회 극복하기

오래된 지혜가 소농에 있음은 분명하다. 소농은 유기농업, 유기축산, 토지 이용, 일기, 수로 관리, 종자, 저장, 식생, 발효, 약초 등에 대한 지혜를 갖고 있었다. 그러나 최근 기후변화로 인해 절기살이와 식생의 변화로 인해 소농의 지혜를 과거의 지혜가 아닌 미래의 지혜로 전환하는 게 새로운 과제가 되었다. 소농은 생태계의 순환, 생명의 생로병사^{生老病死} 등에 감응하며 통합성, 전일성, 다기능성 등을 갖춘 존재이며, 전문가 사회인 자본주의 이전에 2만 년 동안 인류의 삶에 뿌리 내려 있었다. 기능, 역할, 직분에 기반한 지식과 정보가 아니라, 모든 일을 유연하고 융통성과 탄력성, 다기능성을 발휘하는 지혜와 정동을 가진 존재가 소농이었다. 여기서 정동^{Affect}은 돌봄, 살림, 보살핌, 모심, 섬김으로 볼 수 있다. 정동은 사물의 본질이 아닌, 사물의 곁과 가장자리, 주변에서 서식한다. 여기서 정동, 즉 돌봄은 자연과 생명이 가진 가장자리와 주변의 횡단면을 매끄럽게 연결하는 행동 양식이다. 비교적 단순하지만 다양한 문제 설정의 횡단면을 매끄럽게 이어주는 돌봄과 양육, 즉 정동의 능력 덕분에 다기능성을 가질 수 있었다. 하나의 문제 설정에 하나의 대답을 부여함으로써 기능 분화를 초래하고 이에 따라 사회가 복잡화되는 도시의 위생적이고 탈색된 관계망과는 차이를 갖는다. 그러므로 소농은 대지의 양육자이자 공동체의 돌봄 수행자의 위상을 갖는다.

많은 이들이 소농으로 돌아가는 것은 불가능하다고 말한다. 산업화에 따라 소농 공동체는 기능 분화된 도시 사회 중심으로 재편되었고, 이에 따라 자원-부-에너지를 도시생태계에 순환시키며 자립적인 토대를 갖게 되었던 16세기 이후의 자유도시 전통이 등장하였다. 자유도시 역시도 농촌에 대한 약탈경제라는 측면에서 자유로울 수 없었지만, 장인이 주도한 도제조합의 전통 속에서 기술을 제어하고 무역의 한자동맹과 같은 연합체를 갖고 있었기 때문에 융통성과 회복탄력성을 가질 수 있었다. 그러나 21세기 들어 각종 FTA 이후 국내 시장과 국제 시장의 경계를 명확히 나누던 안전핀이 사라지면서, 현존하는 메가시티에서는 자유도시가 가진 회복탄력성이나 융통성의 긍정성을 찾을 수 없게 되었다. 오히려 메가시티에서는 획일화되고 동질적이며 관계망이 와해되어서 복잡화될수록 원자화되는 방식, 즉 개인주의 말고는 담론을 생산할 수 없는 문명의 양상으로 전개되고 있다.

그렇다면 소농이 가진 통합성과 다기능성을 사회적농업이 어떻게 재전유할 수 있을까? 먼저 과거 소농이었던 사람이 도시로 이주하면서 벌어진 사건을 되짚어 볼 필요가 있다. 일단 소농으로서의 통합성과 전일성, 다기능성을 가진 사람이 도시에 재코드화^{기능 분화}되어 가게점원, 회사원, 학생, 노동자, 배우, 음악가 등으로 재탄생한다. 이러한 기능 분화는 결국 다기능성을 획일적인 자동성이나 기능성의 마디나 지절들로 분절시킨다. 그러나 도시는 이러한 기능 분화에 따른 특이점으로서의 수많은 코드화된 주체성들을 통해서 무한한 선택지가 있는 것처럼 착각하도록 만든다. 사실 이것은 소농들이 지닌 다기능성이라 할 수 있는 잠재성의 영역에서 현동화된 기능들에 불과하며, 그 자신의 내부의 관계망에 이미 갖고 있있다는 짐을 망각할 수도 있다. 그래서 아마 소농이 도시에 들어온다면, 별천지와 같은 자유로운 선택지가 있다고 느낄 수도 있다. 그리고 기능 분화된 도시생태계는 다양한 경우의 수로서의 마디와 지절, 특이점을 갖고 있음으로써 전체 도시생태계에서 융통성과 회복탄력성을 갖게 된다. 그러나 도시 문명은 점점 더 거대화와 고도화의 방향으로 나아가고, 한편으로는 끊임없이 복잡한 심상과 무의식을 만들어내면서도 다른 한편으로는 그 다양성을 획일화하는 방향으로 향했다. 골목상권의 붕괴, 젠트리피케이션, 집단 지성의 약탈 양상, 3M^{Mart, Multiplex, Mall}으로의 상권 통합 등이 그러한 현상이다. 즉, 이러한 기능 분화된 도시의 회복탄력성으로는 문제가 해결되지 않는 국면들이 점점 등장하고 있다.

사회적농업의 포용 사회 전망

사회적농업의 과제는 이러한 소농의 다기능적인 회복탄력성과 도시 시민들의 기능 분화된 회복탄력성 모두의 영역을 동시에 통합함으로써 포용 사회를 구성해나가는 것에 있다. 즉, 다기능적인 자율주의와 기능 분화된 권리주의 모두를 필요로 하는 게 포용 사회의 전망이다. 여기서 정동에 기반한 최근의 자본주의의 비물질화 국면 속에서 새로운 가능성이 등장한다. 바로 정동 자본주의, 혹은 플랫폼 자본주의의 등장이다. 플랫폼 자본주의는 플랫폼이라는 마당에서 정동, 사랑, 욕망, 재미를 발휘하면서도 그 부수 효과나 이득은 플랫폼의 것이 되도록 설계된 게 최근의 자본주의 양상이다. 이러한 국면은 소농과 같은 주체성들이 다기능적인 정동과 생태적 지혜를 산출해냈던 커먼즈

Commons 영역을 자본이 탐을 내면서 시작되었다. 사회적농업은 커먼즈에 대해 채굴, 추출, 약탈하려는 정동 자본주의를 넘어서, 공유 자산과 오픈소스, 집단 지성 등을 시민 자산화하는 과제와 공명한다. 그리고 더 나아가 땅에 대한 시민 자산화로서의 토지신탁 등을 통한 농지살림운동은 바로 이러한 맥락과 함께한다. 결국 사회적농업은 땅을 커먼즈, 즉 시민 자산으로 바라봄으로써, 생태시민성과 공동체성의 교집합 속에서 포용 사회를 만들 것이다.

동시에 현대 사회는 점점 더 소농과 같은 다기능성, 전일성, 통섭성에 입각한 주체성을 원하는 방향으로 전개되고 있다. 직업, 직분, 역할, 기능 등이 하나의 모델로 귀착되는 전문인의 시대가 아니라, 여러 모델과 기능을 넘나들 수 있는 통섭적인 과정의 인간형을 이 시대 역시도 요구하고 있다. 네트워크 사회는 기계^{반복}와 기계, 코드^{Code}와 코드를 연결하는 비스듬한 횡단면이자 코드 변환으로서의 횡단 코드화에 더 주목하는 사회이다. 이제 사회적농업은 하나의 모델에 집중했던 산업 사회의 기능인에서 벗어나, 여러 모델과 기능을 넘나드는 횡단 코드화의 시대적 요청에 부응할 때인 것은 분명하다. 소농의 전일성, 다기능성과 도시민의 기능 분화, 자동성 모두를 갖춘 앙상블에 바로 사회적농업이 있다. 여기서 농업의 사회화 국면은 색다른 지평으로 우리를 인도할 것이다. 이를테면 농촌인데도 도시 같은 마을이 만들어져 프라이버시외 기리 조절이 가능한 사회직 관계가 될 수 있고, 도시임에도 농촌 같은 마을이 만들어져 다기능적인 소농의 주체성으로서의 제작 활동을 수행할 국면이 찾아왔다. 이런 점에서 사회적농업은 포용 사회의 전망을 수립하고, 사회의 전반적인 회복탄력성을 높일 수 있는 토대를 만든다고 할 수 있다.

Q 23

식량위기 시대의 푸드플랜과 전환 사회의 전망
사회적경제의 식량위기에 강한 푸드플랜에 대한 단상

푸드플랜과 푸드뱅크

기후위기의 가속화는 식량이 돈으로 거래되지 않는 방향으로 치달아갈 거라 예상된다. 먹거리와 관련되어 위기에 탄력성과 민감성, 유연성을 가진 푸드플랜이 요구된다. 그러나 푸드플랜은 지역의 먹거리 소비와 로컬푸드를 연결하는 수준밖에는 안 된다. 그 내용을 살펴보면 다음과 같다. "2017년 7월에 발표된 〈서울시 먹거리 마스터플랜〉은 지속가능한 먹거리 도시 서울 구현을 모토로 하고 있다. 이는 시민 누구나 경제적 형편이나 사회, 지역, 문화적 문제로 굶거나 건강한 먹거리에 접근하는데 곤란을 겪지 말아야 할 권리를 명시했다는 데 의미가 있다. 그 내용으로는 아동·어르신 시설 친환경 식재료 제공, 취약계층도 차별받지 않는 건강한 먹거리 체계 구축, 더 건강한 먹거리 환경 조성, 먹거리 안전, 시민과의 먹거리 거버넌스 등을 골자로 한다. 즉, 건강, 상생, 보장, 안전이라는 키워드를 포괄하는 먹거리 기본 계획이라고 할 수 있다. 또한 문재인 정부의 핵심 공약 사항 중 하나였던 푸드플랜도 이 즈음에 구체화됐다. 이미 완주군, 강원 춘천시, 경북 상주시, 전남 나주시, 충남도, 충남 청양군, 전남 해남군, 서울 서대문구, 대전 유성구가 푸드플랜을 가동 중에 있다. 푸드플랜의 세부 내용을 살펴보면, 도시농업, 사회적농업, 로컬푸드, 먹거리 복지, 공공급식 개선, 먹거리 낭비 저감, 먹거리 관련 커뮤니티와 사회적경제 활성화 등이 있는데, 그 핵심에는 먹거리와 지역 농업의 끊어진 고리를 되찾는데 있다. 이것은 바로 2007년 세계 식량위기 이후에 끊임없이 제기되어 왔던 먹거리 관련 이슈에 대한 공공 영역의 반응이었다고 할 수 있다."[16]

　푸드플랜과 같은 지역 먹거리 계획에는 사실상 기후위기와 식량위기 상황에 대응할 수 있는 먹거리 탄력성이 침묵하고 있다. 먹거리 탄력성은 기후위기 상황에서 선택할 수 있는 먹거리가 몇 개인지 경우의 수에 따라 결정된다. '빵이 없다면 옥수수를 먹지'라는 경우의 수가 동반되어야 식량위기에 대처할 수 있다. 먹거리 탄력성은 먹거리 종류와 다양성 등과 관련되어 있다. 동시에 공공급식이나 시설 내 배식의 경우에는 식생활 탄력성이 현저히 떨어진다. 식생활 탄력성은 먹거리를 조리하고 가공해서 먹을 수 있는 능력과 관련된다. 중국의 문화 혁명 당시 부엌이나 조리도구가 모두 구습이라고 하면서 없앴더니 식생활

[16] 신승철, 『누가 방안의 코끼리를 꺼낼까?』 도서출판 신생, 2019, p76

탄력성이 떨어져서 6,000만 명의 기아사망자를 남긴 바 있다. 이 두 가지 탄력성의 여지가 현저히 떨어지는 게 가공식품이다. 가공식품 중심의 식습관은 식량위기에 대응할 수 있는 식습관이 아니다.

먹거리 탄력성과 푸드플랜

동시에 식량위기 상황에서 배급제가 가능한 곳을 선정하는 게 필요하다. 식량 조달이 가능한 유통망을 갖추고, 최소 열량 식료품 비축창고^{푸드뱅크}로 쓸 수 있는 시장, 편의점, 마트, 생협 등이 적합하다는 생각이 든다. 그런 점에서 취약계층에 대한 먹거리 유통과 관련되어 있던 푸드뱅크를 식량위기에 대응할 수준으로 확보하고, 독자적인 유통망 확보가 필요하다. 물론 공공영역의 배급제 실시와 더불어 각 가정의 취사 수단 분포와 취사도구 숙련도 역시 요구된다. 문제는 위기 시 푸드플랜이 확보되지 않은 상황에서 대혼란이 예상된다는 점에 있다. 그렇기 때문에 농촌 지역 사회와 도시의 연계, 독자적인 대책 수립 등의 기본 골격이 나와야 하는 시점에 있다. 현재의 먹거리 유통망은 ① 전 지구적인 물류 유통^{로지스틱스}에 기반한 먹거리 유통분야, ② 국가적 수준의 먹거리 유통시스템, ③ 지역 간 유통시스템, ④ 지역 내 자급자족라인, ⑤ 생활협동조합 먹거리 라인, ⑥ 아주 미미하지만 도농 교류, 마을텃밭, 도시농업에 의한 먹거리 수급라인 등이 있다. 여기서 중요한 점은 전 지구적 물류 유통이 77% 정도를 장악하고 있다는 점에 있다. 나머지 23% 중 쌀 20%를 제외하면 겨우 3%의 곡물자급률을 보이고 있다. 이러한 상황에서 생활협동조합의 먹거리 라인이 어떻게 푸드플랜과 푸드뱅크 역할 두 가지 모두를 담당할 것인가가 관건이다.

먹거리 유통과 거래의 형식에 따라 구분하면 다음과 같은 종류별 구분이 이루어진다. 어떤 지점이 먹거리 탄력성을 높일 수 있는지에 대한 지도 제작이 필요하다.

① 돈으로 사고파는 거래 : 마트, 편의점, 백화점 등의 유통망, 전통시장 유통망, 골목상권 등의 유통망, 생활협동조합과 사회적경제, 지역화폐 등의 유통망, 상자텃밭, 주말농장 등 CSA 유통망, 마을장터, 도시농업의 유통망, 먹거리 플랫폼과 배달, 택배 유통망
② 물물 교환의 형태 : 게토경제 유통망, 침묵 교역$^{Silent\ Trade}$ 유통망, 당근마켓과 같은 유통망
③ 증여와 호혜의 선물 교환 : 포틀래치^{Potlech} 유형의 사회적경제, 쿨라^{Cula} 방식의 사회적경제
④ 공공 영역 : 친환경 공공급식 제도, 학교, 군대, 감옥, 병원 시설의 배식 제도
⑤ 순수 증여의 영역 : 자발적인 무료 급식 제도, 자연과 생명의 채취와 수렵 행위

여기서 거래 형식에서 증여와 호혜의 선물 교환의 영역에 주목할 필요가 있다. 이는 거래 양식이 단지 유통에 그치는 게 아

니라, 도농 교류와 선물 거래와 같은 호혜와 증여의 관계망에 기반하고 있기 때문이다. 식량위기 상황에서 식량이 돈으로 거래되지 않는 경우, 사실상 생협라인만이 작동할 가능성이 있기 때문이다. 이는 고베지진 당시 고베생협을 제외하고 모든 먹거리 유통망이 기능 정지되었던 일본의 사례만 보더라도 그렇다. 결국 생협은 위기에 강한 푸드플랜을 가지고 있어야 한다.

한살림의 식량위기 시 푸드플랜

이렇듯 생활협동조합의 식량위기 상황에서의 역할은 상당히 크다. 특히 한살림의 식량위기 시 푸드플랜을 파악하기 위해서 한살림 문지영 푸드플랜 담당자와 인터뷰를 진행했다.

> 한살림은 코로나와 기후위기 상황에서 먹거리 취약계층에 대한 먹거리 돌봄사업 중심으로 활동하고 있습니다. 한살림 생산자연합회에서 '한고랑 나눔사업'을 진행하는데, 지역사회 먹거리 취약계층의 확대로 인해 한고랑을 더 지어서 취약계층에 대한 돌봄사업을 진행하고 있습니다. 생산자분들이 작물을 심을 때 약정양보다 한고랑 더 지어서 지역생협과 연계해서 먹거리를 지원하는데 보람과 기쁨을 느끼고 있습니다. 너불어 한살림생협이 뿌리내린 지역 사회에서는 다양한 방식의 먹거리 돌봄사업을 하고 있습니다. 2021년 한살림연합 차원에서 진행한 먹거리 돌봄 지원사업은 크게

먹거리 돌봄 활동 지원과 공유 부엌 지원 두 가지였습니다. 특히 한살림은 '정부의 먹거리 3대 사업'인 초등 돌봄교실 과일간식 지원사업, 저소득층 농식품바우처 사업, 임산부 친환경농산물 지원사업을 수행하면서 정책 제안 운동도 함께 펼치고 있습니다. 푸드플랜이라는 의미가 정부 먹거리 푸드플랜으로서 생산, 유통, 폐기 등 전 과정에 시스템이 개입하는 것을 의미하는데, 과정 전체를 아우르는 민관 거버넌스가 논의되고 있습니다. 한살림도 지역의 먹거리위원회 설치를 주장하거나 먹거리시민위원회에 참여하고 있습니다. 먹거리 공공성 확보, 먹거리 기본법 제정을 요구하는 '전국먹거리연대'라는 연대 단위가 있어서 농업단체, 생협단체 등이 들어와 활동하고 있으며, 먹거리연대에 한살림이 적극적으로 참여하고 있습니다. 한살림 차원의 먹거리 돌봄과 함께 민관 거버넌스 차원의 활동이 한살림에서의 푸드플랜이 단지 계획에 그치지 않고 푸드시스템과 먹거리 네트워크를 만들기 위한 활동이라고 할 수 있습니다.

한살림의 이러한 노력은 식량위기 상황에서 생활협동조합이 가져야 할 색다른 푸드시스템을 구체화하는 활동으로서의 의미를 갖는다. 더 나아가 혁신적인 푸드플랜이라는 새로운 사회 계약으로 향하기 위해서 한살림과 같은 생활협동조합이 민관 협치에서 해야 할 역할은 매우 크고 넓다.

4장

다시 생각하는 구성적 인간론

Q 24

생명권 시대에 구성적 인간론을 다시 생각하다
미리 주어진 인간이 아니라, 창안되어야 할 인간에 대한 단상

기후행동에 나선 사람들

2018년 10월 31일 영국 런던 의회광장에 모인 1,500여 명의 시민들은 '멸종저항Extinction Rebellion'이라는 자발적인 시위결사 단체를 결성했다. 이들은 정부의 구체적이고 즉각적인 기후변화 대응을 촉구했으며, 런던 켄싱턴 자연사박물관에서 멸종을 상징하는 들어 눕는 시위를 하거나, 프랑스 파리박물관 계단을 핏빛으로 물들이거나, 심지어 알몸 시위도 감행했다. 이들의 끈질긴 노력과 구속을 각오하는 기후행동으로 인해 영국의회는 이들의 요구대로 기후위기 국가비상사태 선언과 2050년까지 탄소 배출 제로국가로 가기 위한 시민들에게로의 권한 위임 등을 결의했다. 그 이후로 세계 곳곳에서 수많은 멸종저항 그룹들이 만들어지고 있고, 행동하고 있다. 최근 우리나라에서도 50여 시민단체

와 환경단체가 '기후위기 비상행동'을 결성하였고, 2019년 9월 21일을 시작으로 기후총파업과 거대한 기후행동에 나섰다. 이러한 급박한 기후행동으로의 결집 이유에는 《IPCC보고서》나 《호주국립기후복원센터의 보고서》 등에서 이미 예고되고 있는 아주 가까운 미래에 다가올 막대한 기후 재난 상황이 자리 잡고 있다. 일각에서는 적어도 2% 정도의 인류는 살 수 있게 하기 위해서 시베리아 등에 인류 멸종을 대비하는 캠프를 지금부터 준비해야 한다는 목소리도 나올 정도이다.

   기후위기에 대한 반응은 때로는 생태주의자들의 냉소와 자조 섞인 목소리로도 나타난다. "인류는 이미 틀렸어. 가망성이 없어. 포기해!"라는 얘기를 서슴없이 하는 생태주의자들조차 등장하고 있다. 생태주의자들 중 일부는 이미 에코파시즘이 들고 나선 '인간은 암적인 존재이고, 자연과 생명에 해를 입히는 지구에 달라붙은 벼룩과도 같은 존재'라는 주장과 유사한 논리를 구사하고 있다. 이는 '인간을 포함한 생명권'이 아닌, '인간을 배제한 생명권'의 주장으로도 나타나고 있다. 인간을 배제한 생명권이라는 것은 사실상 이치에 맞지 않는 얘기이다. 인간의 신체는 자연과 생명과 연결되어 있으며, 환경 위기를 일으켰지만 동시에 해결할 결정적인 마스터키인 인간부터 배제하는 것은 사태를 방치하겠다는 것에 다름 아니기 때문이다. 이러한 인간에 대한 경멸과 냉소, 비관, 절망 등을 보면서 인간론人間論의 대안은 없는지, 인류 문명의 지속가능성은 여전히 가능한 화두인지를 다시 묻게 된다.

근대적 인간중심주의와 파시즘

근세의 르네상스^{Renaissance}는 문예 부흥, 예술 부흥, 인문학 등을 기치로 인간중심주의의 토대를 만들었던 시기라고 할 수 있다. 그 이후로 인간은 우주의 중심이었고, 세계를 관할하고 인도적으로 관리할 수 있는 교양 있는 존재가 되었다. 특히 이러한 관점은 인간을 미리 주어진 -선험적인^{transcendental}- 전제 조건으로 보는 관점이 형성되었다. 이러한 인간중심주의는 서구 인식론^{Epistemology}의 질문 즉, "인간은 어떻게 자연과 생명, 우주를 알 수 있는가?"와 존재론^{Ontology}의 질문 즉, "인간은 어떻게 신과 우주, 자연으로부터 독립될 수 있는가?", 그리고 논리학^{Logic}의 질문 "인간의 사유 체계는 자연과 생명의 전개 과정과 일치할 수 있는가?"라는 질문 등으로 나타났다. 물론 우주, 세계, 자연은 인간을 품은 둘레 환경이기 때문에 이로부터 독립된 인간의 인식이나 존재나 논리의 설정은 사실상 오만과 착각에 가까운 발상이라고 할 수 있다. 인간이 우주 안에 있으면서 어떻게 우주를 외부 관찰자로서 본다고 말할 수 있겠는가? 근대의 주체로서 존립 근거는 사실상 허약한 의지나 의식에 과도한 역할을 부여한 거라고 할 수 있다. 그럼에도 불구하고 근대의 주체는 책임, 의무, 당위, 기능, 믿음을 담당한 고정되고 불변의 실체와도 같이 간주되었다.

그러나 근대의 인간중심주의는 성장주의, 개발주의, 토건주의, 성공주의 등의 통속적인 문명의 양상으로 점차 화석화되었다. 프랑크푸르트 써클에게 왜 1930년 말 나치라는 파시즘이 발호하고 융성했는지를 묻는 프로젝트가 주어졌는데, 이들의 결론은 도구적 이성을 문제삼았다. 자연과 생명을 도구화하면 신체로 연결된 인간 자체 역시도 도구화하게 된다. 그렇기 때문에 생명의 도구화는 소수자를 차별하고, 이주민을 혐오하고, 장애인을 분리하고, 노동자를 착취하는 것과 긴밀한 관련을 맺는다. 결국 이러한 증오와 혐오의 파시즘은 유대인 뿐만 아니라, 소수자, 사회적 약자, 동성애자 등을 절멸캠프로 보내 학살을 자행했다. 그러나 이러한 이익과 이득에 눈멀고 자연과 생명, 소수자를 파괴하는 인간중심주의에 대한 반대 역시도 극단주의가 된다면, 인간 스스로에 대한 절망과 혐오로 나타날 수도 있다. 다시 말해서 도구적 이성의 파시즘과 에코파시즘은 둘 다 인간 혐오의 파시즘적인 면모를 갖고 있는 셈이다.

더불어 파시즘의 다른 종류를 얘기하자면 포스트휴먼과 같은 첨단 기술 사회로의 진입 이후에 인간을 뺄셈하면서 AI나 로봇에게 그 자리를 내줘야 한다는 기술파시즘이 있을 수 있다. 더욱이 기술파시즘은 제1세계 사람들처럼 첨단기술과 의료산업의 도움을 받는 사람에 대한 우월감을 얘기하는 인종주의의 다른 모습에 불과하다. 또한 제1세계에 제3세계 사람들이나 기후난민들이 유입되는 것에 대응해 분리하고 차별하는 분리주의 파시즘이 있을 수 있다. 이는 유럽의 극우파와 트럼프 전 미 대통령의 멕시코 국경 장벽 구상에서도 이를 엿볼 수 있다. 이렇듯 파시즘은 여러 종류인 것 같지만, 인간의 잠재력과 가능성을 소수 기득권자들에게 한정하고 나머지 소수자와 사회적 약자, 특이자, 제3세계 사람들에 대해 혐오와 배제의 시각을 보인다는 공통점을 가지고 있다.

구성되는 인간과 사회에 대하여

그러나 인간종 멸종을 걱정해야 하는 현재의 국면에서는 인간에 대한 정의부터 다시 내려야 할 필요가 대두된다. 이제 인간이나 사회나 공동체는 미리 주어진 선험적인 전제 조건이 결코 아니다. 정동, 돌봄, 살림, 사랑, 욕망이 만들어내야 할 결론이지, 미리 전제되어 있어서 소모하고 소비할 수 있는 게 아니다. 그런 점에서 근대의 인식론과 존재론, 논리학은 완벽하게 기각된다. 근대의 패러다임은 헤겔의 변증법의 구도처럼 사회나 인륜적 공동체나 인간이 미리 주어져 있기 때문에, 그것에 기반하여 모순과 갈등, 대립을 일으켜도 금방 사회나 인간의 성숙으로 향할 거라는 구도에 있었다. 그러나 인간이나 사회는 구성되고 창안되고 만들어지도록 끊임없이 양육되고 보살펴지고 돌봐져야 하는 현재의 상황에서, 모순이나 적대와 같은 근대적 패러다임은 테러와 내전, 사회 분열, 증오의 파시즘 등으로 귀결될 뿐이다.

그런 점에서 멸종저항의 인간론은 바로 구성적 인간론이다. 들뢰즈와 가타리와 같은 포스트구조주의자들은 구성적 인간론을 '주체성 생산'이라는 개념으로도 설명하고 있다. 다시 말해 "너와 나 사이에서 그 일을 해낼 어느 누군가를 만들어내자!"는 기획이다. 더불어 동물해방론자 피터 싱어[Peter Singer]에게는 구성적

인간은 비인간 동물에 대한 대리인이다. 다시 말해서 고통을 받는 동물의 처우와 조건을 대리인으로서 행동하고 말할 수 있는 인간 역시도 필요하다. 또한 헨리 H 바네트, 프랜스시 섀퍼는 피조물을 양육하는 인간은 신의 의무를 다한다는 점에서 구성적 인간론에 대해 자연과 생명의 시중꾼론을 얘기한다. 다시 말해서 신 앞의 피조물이라는 점에서 인간, 동물, 새, 당나귀는 동등하며 피조물을 돌보고 양육할 의무는 가난한 이웃과 연대하는 것과 마찬가지라는 의미이다. 더불어 소농철학자 웬델 베리에게 있어 구성적 인간은 대지의 양육자로서 대지를 돌보고 양육하고 보살피는 소농의 형상으로 나타난다. 다시 말해서 대지를 갈취하고 착취하고 채굴하고 추출하는 게 아니라, 대지를 돌보고 살리고 보살피는 것들이 구성적 인간의 역할이다.

생명권 시대는 인간을 경멸하는 에코파시즘이 아니라, 인간에게 내재된 정동과 사랑이 만개하는 시대를 의미한다. 구성적 인간은 대지의 양육자, 동물의 대리인, 자연과 생명의 시중꾼, 살림과 정동의 실천가로서 나타날 것이기 때문이다. 구성적 인간론은 기술파시즘으로 전락한 포스트휴머니즘처럼 인간을 지나치게 뺄셈하거나, 에코파시즘처럼 인간을 경멸하고 자연주의로 회귀하거나, 분리주의 파시즘처럼 이주민과 난민을 혐오하지 않는다. 오히려 구성적 인간론은 인간이 가진 돌봄, 살림, 정동의 잠재력에 주목하면서, 끊임없이 인류의 지속가능성을 추구함과 동시에 자연과 생명과 대지와 공존·공생을 추구한다. 기후위기를 알리며 멸종저항운동을 벌이는 절박한 사람들의 모습은 결국 구성적 인간론의 현재의 모습이기도 하다. 우리는 우리 자신이 스스로 만들어나갈 색다른 인류의 미래를 꿈꾸고 문명을 재건해야 할 시점이다. 멸종저항은 앞으로 구성될 인류에 대한 미래의 외침인 셈이다.

Q 25

환경영향평가와 더불어 생명권역평가가 필요하다
환경영향평가의 허구성과 대안 모색

환경영향평가란?

일단 개발과 토건사업이 시작되기 전에 보는 항목은 환경영향평가와 세계문화유산이나 생태계 보전지역인지에 대한 부분이다. 여기서 환경영향평가는 환경이라는 개념이 그렇듯 둘레 환경에 대한 지역주민의 민감도를 보는 것에 불과하며, 진정으로 환경을 지키고 보존하려는 입장이 아니다. 그래서 개발과 토건사업 이전에 환경영향평가를 둘러싼 찬반 이견으로 인해 마을과 지역 사회는 초토화되고 분열되어 버리기 일쑤다. 동시에 환경영향평가의 주체가 누구인지도 살펴봐야 한다. 최종 관련 기관은 환경부이지만, 그 평가를 수행하는 주체는 민간 사업자들이고 졸속으로 진행하거나 뒷돈의 노예가 되곤 한다. 그렇기 때문에 환경영향평가의 객관성을 의심해 봐야 한다.

더욱이 환경영향평가에서는 제도주의적 관점에서만 자연과 생명을 바라본다. 이에 따라 오로지 양적 척도에 따라 평가되기 때문에, 자연과 생명의 유일무이한 가치나 삶의 내재적 가치보다는 경제적 가치가 중심이 될 수밖에 없다. 최근 생태계 서비스 개념이 도입되어 삼림의 공기 정화 능력이 200조 가치를 갖고, 갯벌의 오염 물질 정화 능력이 250조 가치를 갖느다는 식의 논리로 계량적인 측면에서 논의되고 있기는 하다. 그러나 이러한 평가의 긍정성에도 불구하고 자연과 생명이 훼손되면 다시는 복원하기 어렵다는 점에 대한 정확한 적시는 거의 없다. 그렇기 때문에 양적 측면으로 자연과 생명을 바라보는 것은 기각될 수밖에 없다.

대표적 개발사업의 환경영향평가

국가 성립 이후의 최대 토건사업이었던 새만금 간척지 사업에서 갯벌의 환경 정화 능력과 생태적 가치, 갯벌에 의존해서 살아가는 어민의 삶의 가치 등은 누락되었다. 이에 따라 개발주의와 토건주의는 이 모든 가치를 누락한 채 사업을 성공시키려 했고, 이는 생명평화결사의 삼보일배라는 거대한 행렬을 만들어 냈다. 생명을 사랑하고 자연을 보호하려는 뜻 있는 사람들이 펼친 이 운동은 정부의 일방적인 공사 상행으로 인해 좌절되는 듯 했지만, 한국 사회의 생명운동과 환경운동의 거대한 조류를 만든다.

 2003년 경부고속철 사업으로 천성산에 터널을 뚫는다는 소식을 접하고, 지율스님의 도롱뇽 소송이 있었다. 당시 환경영향평가에서는 도롱뇽의 서식지와는 무관하다는 진단이 나오자 시민들에 분노를 샀다. 의로운 지율스님의 100일 단식은 생명의 가치를 깨닫게 한 사건이었다. 이를 통해서 사람들은 개발주의와 토건주의가 생명과 자연을 순전히 경제적 가치에 입각하여 짓밟고 있음을 깨닫게 된 계기였다. 동시에 수많은 지역 사회와 마을에서 생명과 환경을 생각하는 활동가들이 만들어지는 주체성 생산이 뒤따랐다.
 2012년 3월에는 해군기지를 위해서 구럼비 바위를 발파한 사건이 발생했다. 한갓 무생물이라고 여겨졌던 구럼비 바위에 대한 관심과 생태적 가치에 대한 시민 의식이 고취되었다. 이러

한 생태시민성은 전쟁을 반대하고 군사시설을 반대하는 운동과 결합되었다. 구럼비 바위 추모제는 매번 열리고 있으며, 이러한 방식의 사유는 애니미즘이라는 사물영혼론적인 발상으로까지 발전되고 있다. 환경영향평가에서는 자연사물의 유일무이성이라는 관점이 빠져 있는 관계로 순전히 바윗덩어리로 밖에 보이지 않는 것에도 주민들이나 시민들의 생각 속에는 자연사물의 유일무이성에 입각하여 마치 신성하고 살아있는 자연지물로의 인식으로 확장된 사유 방식을 드러냈다.

또한 보수 정권인 이명박 정부 들어 한반도 대운하사업이 좌절되자, 일으킨 대규모 토건사업으로서의 4대강^{한강, 낙동강, 금강, 영산강} 정비 사업이 시민 사회의 거대한 저항을 만들었다. 강이 국토의 혈류이며, 토건사업의 대상일 수 없다는 생각에서 재자연화하라는 시민 사회의 거대한 흐름을 만들었다. 강이라는 자연환경에 대한 인식의 차이가 여기서도 생겨났는데, 환경영향평가가 졸속으로 벌어지고 이에 대한 인공지물화하려는 관의 토건사업이 저항에 부딪혔다. 여기서도 환경영향평가의 수행자들은 대부분 정부의 하수인에 불과했고, 객관적이고 공정한 방식으로 이루어지지 않았다.

이러한 여러 가지 개발 및 토건사업을 사례로 보면 자연생태계에 대한 환경영향평가라는 양적 척도가 얼마나 철지난 이야기인가를 알 수 있으며, 동시에 환경영향평가의 수행자들의 대부분이 관료들의 하수인에 불과하기 때문에 객관성을 보장할 수 없다는 점도 드러난다. 다시 말해서 환경영향평가는 관행적으로 이루어진 수사어구나 정당성 만들기의 요식 행위에 불과했으며, 주민과 시민의 생명과 자연에 대한 소중함을 느끼는 애정과 관심과는 거리가 멀었다.

생명권역평가를 제안한다!

지금도 산과 들을 가르는 고속도로는 과도하게 건설되고 있다. 심지어 하루에 30여 대 밖에 지나가지 않는 도로가 생겨나고 있다. 문제가 되는 것은 이것이 생명의 서식지를 관통한다는 점에 있다. 그래서 야생 동물과 개구리, 뱀, 도롱뇽, 새 등이 이 도로를 지나가다가 무참하게 죽는 경우가 허다하다. 그렇기 때문에 생물권역의 관점에서 생명과 자연의 영토를 지키려는 생명권역평가 역시도 필요하다. 생명권역평가는 갯벌, 산, 들, 자연이 인간의 둘레 환경이 아니라, 생명의 영토임을 적시하는 것이기 때문에 인간중심주의를 기각시키는 면이 있다. 다시 말해서 그 자연과 생명은 부동산이 아니라, 생명과 자연의 것이다. 그런 점에서 생명권역평가는 인간중심주의를 기반으로 한 근대사회의 것이 아니라, 탈근대적이고 인간을 넘어선 생명권의 시각에 선다.

생명권역평가에서 중요한 지점은 개발과 토건사업이 벌어질 때, 나무가 한 그루가 있다면 그것을 베어내는 게 아니라 우회하거나 아예 개발사업을 못하게 하는 경우를 들 수 있다. 그렇지 않는다면 수많은 나무들이 생태학살에 가까운 처지에 몰리게 된다. 그런 점에서 제주도 비자림로 건설 과정에서 나무를 끌어안고 이를 지키려 했던 활동가들의 모습은 정당성을 갖는다. 그것은 속도를 내고 지나갈 도로가 건설되는 자리이기 이전에 그 자리에 있었던 나무의 땅인 것이다. 그런 점에서 개발주의와 토건주의는 생명권역평가에서는 설 땅이 거의 없다. 철새 서식지는 철새의 것이지, 그곳에 콘도를 짓고 관광지를 만들어 경관을 약탈하려는 인간의 것일 수 없다. 그렇기 때문에 생명권역평가에 따르면 철새 서식지에 개발사업은 기각될 수밖에 없는 셈이다.

더욱이 생명권역평가는 무생물 자연에 대한 시각으로도 적용될 수 있다. 무생물 자연에 대한 물활론物活論적인 애니미즘 시각은 생명권의 확장이라고 할 수 있기 때문이다. 생명권은 살아 숨쉬며 움직이는 것에만 한정되지 않는다. 무생물은 죽고 딱딱하고 화석화된 게 아니라, 생명이 서식할 수 있는 유기물이나 생명의 영토 중 하나로 보존되어야 하기 때문이다. 그런 점에서 생명권역평가는 보다 확장된 생명권의 영역으로 나아가 사물권, 자연권으로 나타날 수 있다. 그렇기 때문에 개발주의와 토건주의가 주장하는 사물에 대한 시각이 아닌 보다 확장된 깊이와 잠재성을 가진 관점이 등장할 수 있는데, 그 기초가 바로 생명권역평가에 있다.

환경영향평가는 살아 숨쉬는 자연과 생명을 오로지 양적 척도에 따라 평가하고, 이를 철저히 주민들의 둘레 환경 정도로 치부하였으며, 그 수행자들 자신이 개관적인 입장을 갖고 있는 게 아니라, 토건 세력과 개발 세력의 하수인이라는 문제점이 있었다. 이제 생명권역평가는 자연과 생명을 그 자신의 것으로 바라보면서, 철저히 개발주의와 토건주의를 무력화할 수 있는 전거를 발견해 낸다. 이제 살아 있는 모든 것들은 자신의 영토를 지킬 권리를 갖는다고 선언하고 평가의 척도로 만드는 게 생명권역평가이다. 생명권역평가는 생명권 시대를 선도하는 새로운 평가 척도라고 할 수 있다.

Q 26

경계면의 흐릿함, 가장자리 효과와 생태계[17]
가장자리 효과로 본 소수자에 대한 단상

너와 나의 경계의 모호함, 사이주체성

모호한 얘기가 오갈 때는 난처하고 뭐라 딱히 할 말이 없어질 때도 있다. 특히 과학도에게 익숙한 기능, 역할, 직분이 딱 떨어지게 나누어지지 않는다면 더욱 그렇다. 묘한 여운이 남는 이야기, "누가 한다는 겁니까?", "너일 수도 나일 수도 둘 다일 수도 있고⋯." 그건 '우리 중 어느 누군가'라는 건데, 딱히 '누구다'를 특정하지 않았기 때문에 더 애매하다.

이는 너와 나 사이를 명확하게 구분하는 경계가 없을 때 생기는 일이다. 경계를 분명히 하는 광학적 시선의 입장에서 보자면, 경계의 모호함, 중간 현실, 혼합 현실이 인간사에 늘 붙어 다닌다는 것은 치명적이다. 이 모호한 지점을 해석학자 가다머

---
[17] 한국광학회 2021년 4월호에 실렸던 글이다.

는 '간주관성$^{Inter-Subjectivity}$'이라고, 질 들뢰즈와 가타리는 '사이주체성'이라고, 전남대 김상봉 교수는 '서로주체성'이라고 불렀다. 그러한 모호하고 흐릿한 지점들을 없애기 위해서 합리적인 사유 방식이나 과학기술의 객관적 진리론은 노력해 왔지만, 웬걸 삶을 살다보면 더 모호한 지점이 있다는 점만 드러나는 게 현실이다.

'너 일수도 나 일수도'의 이야기로 돌아가 보자. 그러한 미션을 부여한 사람들의 문제는 자발적이고 자율적으로 나서서 하라는 얘기다. 시켜서 하는 일이나 기능적으로 하는 일이 아니라, 자신이 뜻, 지혜, 아이디어를 가지고 직접 할 때, 그 일이 의미가 있다는 지극히 당연한 이야기이다. 그러나 말이 쉽지 그렇게 나서서 할 만한 사람이 몇이나 될까? 물론 공동체라면 문제가 다르다. 공동체는 늘 자발적으로 나서는 사람들이 많고, 너와 나 사이를 딱 잘라 구분하지 않기 때문이다. 그래서 사이주체성은 도시 문명에서 사는 사람들보다 공동체 사람들에게만 적용되는 한정된 용어처럼 느껴진다.

광학적 시각^{원근법}과 촉지적 시각^{채색법} 사이에서

우리에게 응시의 시선이 있다고 하자, 응시는 '1인칭 나'와 구분되는 '3인칭 나'를 만들어낸다. 나쁜 짓을 하는 나가 있고, 그것을 응시하는 나가 있다. 내가 화를 낼 때 그 마음을 찬찬히 들여다보는 또 하나의 내가 있다. 세상에서 가장 무서운 사람은 바로 나라는 얘기가 있다. 하늘이 알고 땅이 알기 이전에 내가 먼저 알고 있기 때문에 더 문제다. 이러한 내부 응시의 시각은 우리를 끊임없이 성찰하고 반성하게 만들지만, 동시에 자기 검열 때문에 힘들어지는 측면이 없지 않아 있다. 그래서 논문 한 편 쓰는데도 끊임없이 자기 자신과 대면해야 한다는 점이 어려울 때가 많다.

시각의 측면에서는 프랑스 철학자 자크 라캉Jacques Lacan이 말하는 원근법, 명암법에 따르는 광학적 시각이 있을 수 있다. 빛과 어둠의 명확한 이분법에 따라 빛은 선善이고, 어둠은 악惡이라는 서구의 이원론을 설립했던 광학적 시각이 그것이다. 빛 중심주의의 시각에서 보면 명암법, 원근법 등의 광학적 시각은 인류 문명의 자연스러운 본능일 수 있다. 그러나 문제는 멀리서 바라볼 때 구분이 정확하게 보이지만, 가까이서 접촉할 때 그 경계가 모호하고 다양한 색채의 자취들이 아로새겨져 있다는 점이 드러날 때가 많다는 점이다.

프랑스 철학자 질 들뢰즈는 모호한 경계에 있는 색채의 향연, 이른바 '채색법'을 "눈으로 어루만지는 듯 한 촉지적 시각18으로 말한다. 광학적 시각처럼 경계가 명암으로 분명히 구분되지 않는다. 빨갛다가 파랗고 보랏빛이었다가 회색이다. 그 색채는 오색찬연하게 뒤섞여서 그 경계 지대에 하나의 모호함이 만드는 향연과 축제를 만들어낸다. 물론 미술에 있어서 광학적 시각과 촉지저 시가은 함께 어우러져 있다. 명암법, 원근법과 함께 채색법이 어우러지기 때문이다. 빛 중심주의는 색채의 향연에

---

18 쥘 들뢰즈, 〈감각의 논리〉 민음사, 2008, p145 참고

의해서 비로소 미학美學적인 것을 만들어내기 때문이다. 그런 점에서 색채적인 것은 생명에게 더 어울리는 시각이지 않을까?"

커먼즈의 두 가지 양상

커먼즈는 공유재, 공유지, 공유 자산을 뜻한다. 너와 나 사이에서 너일 수도 나일 수도 있는 혼합 현실이 공통의 것을 만들어내면, 그것은 모호하고 흐릿한 중간 현실, 혼합 현실의 효과라고 할 수 있다. 무언가 섞이고 서로의 영역으로 들어오고 참견하고 개입하는 듯한 느낌도 든다. 프라이버시가 중심이 된 현대사회에서 이러한 커먼즈는 달갑지 않다. 뭔가 내 것, 네 것, 내 영역, 네 영역이 딱 나누어져야 할 것 같이 느껴지는 게 도시 문명의 삶이기 때문이다. 만약 자신의 문을 열고 불쑥 등장하는 이웃이 있다면 도시 사람들에게는 달갑지 않을 수도 있다.

이렇게 생각하는 사람도 있다. 나와 너는 경계가 분명한데, 둘 사이에 강한 상호 작용, 즉 인터렉션Interaction이 강렬도를 더해서 공통의 것을 만들어내는 것을 말이다. 이 경우에는 광학적인 시각에 기반하고 있지만 색채적인 시각을 지향하는 '따로 또 같이' 방식의 최근 공동체의 모습이다.

자연스럽게 저절로 커먼즈가 생기는 게 기존 공동체의 모습이었다. 이웃과 친구와 같이 밥 먹고, 놀고, 생활하는 과정에서 저절로 커먼즈라는 중간 현실이 생겼다. 그러나 오늘날처럼 개인주의, 사생활이 중시되는 현실에서는 너와 나의 구분이 비교적 명료하면서도 동시에 공유지, 공동체, 공유 자산을 만들려는 노력을 하는 과정이 있을 수 있다. 프라이버시는 지키면서도 더불어 할 것, 연대의 관계를 만들자는 얘기다. 그런 점에서 현대인들은 광학적 시각을 기반으로 할 수밖에 없다는 개인주의의 습속을 노정하고 있을 수도 있다.

가장자리 효과와 생태계

생태학에서는 중간 현실, 혼합 현실과 같이 희미하고 모호한 경계 지점이 오히려 생명 탄생의 원천이 되었음을 주장한다. 이른바 '가장자리 효과'다. 산과 들, 바다와 육지, 들과 하천 사이의 경계 지점에서 바람과 물의 차이나는 반복, 비스듬한 운동의 반복이 생명 탄생을 잉태했다는 것이다. 여기서 가장자리는 주변부로서의 취약한 영역이 아니라, 강렬한 에너지의 흐름이 감도는 영역으로 간주된다.

   그런 점에서 주변부에 대한 생각도 재편된다. 기존에 가장자리에 있는 주변인, 양적 소수, 사회적 약자를 말할 때 '마이너Minor'라고 지칭했다. 그러나 그러한 주변인적 시선이 아니라, 강렬한 욕망과 사랑, 돌봄의 흐름이 관통하는 특이점으로서의 소수자라는 개념이 가장자리 효과에 어울리는 개념이다. 소수자는 감초니 효소, 촉매제와 같아서 공동체를 풍부하고 다양하게 만드는 특이한 존재들이다.

   더불어 소수자는 특이점으로 존재하기 때문에, 강건하게 자신의 자리, 위치, 배치를 만들어낼 욕망과 사랑의 능력을 가진 존재이다. 구성원 중 한 분이 생태철학 세미나 자리에서 아이를 맡길 때가 없어서 데리고 온 경우가 있었다. 결론적으로는 세미나 진행은 상당히 어려웠지만 나름 의미가 있었다. 사람들은 어느덧 가장자리에 있는 아이의 강렬도에 모두 감응하고 있었고, 세미나는 어쩐지 어수선했다. 그러나 우리가 무언가 찾고자 세미나를 하는 이유를 바로 아이가 현실에서 바로 그 자리에서 보여주고 있다는 사실에서 그 세미나는 왠지 풍성하고 풍부했다.

피터 싱어와 가장자리 상황 논증

생명윤리학자 피터 싱어는 〈유인원계획〉이라는 프로젝트를 진행한 바 있다. 인간과 동물 사이를 연결하는 경계 지점에 유인원이 있으며, 동물실험을 줄여나가기 위해서 먼저 유인원에 대한 실험부터 없애자는 프로젝트였다. 이 때 가장자리 상황 논증이 선보였다. 인간과 동물의 가장자리에 유인원이 있으며, 유인원은 IQ라는 척도로 보자면 6살 지능을 가진 아이에 해당한다. 그런 점에서 인간과 동물은 명확히 구분되며, 인간이 동물을 도구로 사용하는 게 정당화되던 문명에 대해 반성할 수 있다. 인간과 동물은 경계가 모호하며 서로 연결되어 있는 셈이다.

 호르크하이머가 이끌던 프랑크푸르트학파는 1930년대 독일 사회에서 나치라는 파시즘이 발호하고 있는 이유를 묻는 프로젝트를 한 바 있다. 그런데 그 프로젝트의 결과는 놀랍게도 생명과 자연을 도구화하는 것, 즉 도구적 이성 때문이라는 결론에 도달했다. 다시 말해 생명을 도구화하면 신체로 연결된 인간에게 영향을 미쳐서 인간을 도구화하는 것으로 향하고, 결국 노동자를 착취하고, 소수자를 차별하고, 이주민을 혐오하고, 장애인을 분리하는 행동으로 나아간다는 것이다.

그러나 가장자리 상황 논증은 코로나19 사태를 일으켰던 바이러스에게도 해당된다. 바이러스는 생명처럼 복제하지만, 신진대사가 없다는 점에서 사물성을 갖고 있다. 즉, 생명과 사물 사이의 모호한 지점에 바이러스가 현존하고 있다. 학계에서는 바이러스가 생명인지 사물인지 갑론을박을 하며 논쟁을 끌어갔지만, 생명과 사물 사이에 중간 현실, 혼합 현실로서의 바이러스가 있다는 결론으로 향하고 있다. 다시 말해 생명, 사물, 인간 간에는 명확한 경계가 있는 게 아니라, 가장자리에 존재하는 무수한 영역들이 있다고 할 수 있는 셈이다.

혼재면과 빛의 마술로서의 색채의 향연

공동체와 마주치면 혼돈이 찾아온다. 서로 딴소리를 하면서도 놀랍게도 서로 알아듣기 때문이다. 날씨 이야기를 하다가, 사랑 이야기를 하다가, 이웃 이야기를 하나가 서로 각기 다른 이야기를 하는데, 묘하게 공감대가 형성되어 서로의 말을 이해한다. 이것을 '일관성의 구도', 혹은 '혼재면混在面'이라고 한다. 너와 나의 모호한 지점은 칵테일이 섞이듯 크림이 뒤섞이듯 카오스를 일으킨다. 그러나 그 카오스는 정서적·심리적 공감대를 저변에 깔고 그 위에서 뛰어노는 색채의 향연이다. 공동체에서는 빛이 마술이 되어 수많은 색채의 프리즘으로 전개된다. 그런 점에서 그 다양한 색채의 향연을 만드는 공동체가 중요한 점도 그 때문이다.

5장

생태민주주의와 마을운동

Q 27

생태민주주의,
추첨제민주주의와 숙의민주주의 사이에서
생태민주주의의 작동 원리와 철학에 대한 단상

고대 그리스 아테네의 추첨제민주주의

고대 그리스 아테네는 민주주의의 꽃이라고 할 수 있는 역사적 장소였다. 여기서 민주주의 개념은 '데모크라시^{Democracy}'로서 그 어원은 '민중^{Demos}' + '정치^{Kratos}' 다시 말해서 민중정치에 다름 아니다. 아테네는 혼합정을 기본으로 하여, 유사시 독재를 하기도 했으며, 필요하다면 선거를 통한 의회정치도 했다. 그러나 제비뽑기와 같은 추첨제민주주의라는 형식을 통해서 대표나 관료를 뽑는 것을 일상화했다. 이에 대해 아리스토텔레스는 "제비뽑기는 민주주의이며, 선거는 과두정이다"라고 하면서 추첨제를 옹호했다. 이러한 추첨제민주주의가 민주주의 꽃인 이유는 누가 대표나 관료를 하든 이와 상관없이 민주주의의 기반은 탄탄하다는 것을 보여주기 때문이다. 다시 말해 진리가 모든 사람에게 전제되어 있지, 논증과 추론 능력을 가진 소수의 엘리트의 것이 아니라는 생각이 그것이다. 그런 점에서 플라톤이라는 현존 아카데미의 창시자가 진리를 논증과 추론 능력을 가진 자들의 것이라고 여김으로써 파라오의 독재정치를 철인정치라고 보는 반민주주의적인 모습을 보이는 것도 당연한 논리의 결론이었다. 특히 고대 그리스 아테네의 민주주의는 도편추방 제도를 통해서 참주나 독재자가 될 소지가 있는 인기 많고 품평이 좋은 사람까지도 도시 밖으로 쫓아내는 견제장치를 갖고 있었다는 점도 특이하다.

고대 그리스 아테네의 정치 구성을 살펴보자면, 이지문 박사의 『현대정치와 민주주의^{2013}』에서 밝힌 각각의 역할과 방식에 대한 부분이 있다. 여기서 행정관과 같은 특수 임무를 갖는 영역은 선거로 뽑고 나머지 대표나 관료는 추첨제로 뽑는 혼합정이었음을 알 수 있다. 이지문 박사는 언론과의 인터뷰에서 "전체 시민은 3만 명 규모, 민회 의석은 6,000석$^{자발적\ 참여}$, 민회에 법안을 제출하는 500인 평의회, 지금의 법원과 헌법재판소 기능을 결합한 시민 법정, 그리고 600여 명의 행정관을 다 제비뽑기로 추첨하였고, 군사, 재무 담당 등 소수의 전문가 100명 정도만 선거로 뽑았다"[19]고 말한다.

---

[19] 이대희 기자, "국회의원, 선거 대신 제비뽑기로 정하자" [독서통] 〈국민을 위한 선거는 없다〉 프레시안, 2016년 2월 17일

민회	아테네의 최고 결정권한을 소유한 기관으로 1년 40회 이상 회합함. 공공 질서 유지에 관한 법적 논의	전체 시민으로 구성 정족수 6천명
평의회	민회의 집행위원회 겸 운영위원회 역할을 담당	30세 이상의 위원 500명으로 구성되며 1년 임기로 추첨을 통해 임명
시민법정	민회와 평의회의 법과 칙령에 따라 사건을 심리. 정치적 기능도 수행함	30세 이상 6천명 추첨, 매일 아침 법정출석인원 중 추첨 통해 재판관이나 배심원 선정
행정관	민회의 의제를 준비하고 소송에 앞서 예비심사를 하고, 법정을 소집하고 주관하며, 민회와 법정에서 내려진 결정을 시행함	대략 700명의 행정관 임기 1년 중에서 600명 정도는 30세 이상 지원자 중 추첨으로 선출, 군사 및 재정 담당 약 100명은 선거로 선출

추첨제민주주주의의 적용 사례들

2017년 문재인 정부 시절 신고리 5, 6호기에 대한 탈핵 공론 소사의 과성이 한국 사회에 있었는데, 그러한 공론조사나 시민배심과 같은 영역은 숙의민주주의이다. 그런데 배심원 선발의 무작위 추출이라는 추첨제를 기반으로 하고 있지만, 공론조사 과정 자체는 숙의민주주의에 따른다. 공론조사는 최초에 선발된 사람들의 여론조사를 통해서 그 비율을 미리 살펴보고, 숙의와 학습 과정을 거친 다음 여론조사를 통해서 변화와 이행 과정을 심의의 결과로 보는 과정이었다. 그러나 탈핵 공론조사의 과정은 사실상 찬반을 가르는 숙의로 향했으며, 정부가 결정해야 하는 중요한 사안을 시민들의 결정으로 떠넘긴 것에 불과했다. 동시에 숙의 과정 자체가 찬반 여부를 묻는 게 아니라 기존 비율에서 이행하고 변화한 여론조사의 결과를 받아들이는 것임에도 불구하고, 공론조사의 진정한 취지를 모르는 일반 시민들을 호도한 것에 불과한 것이라고 할 수 있다.

그 밖의 추첨제민주주의의 적용과 사례로는 녹색당 대의원을 당원 30명 당 한 명 추첨으로 뽑았던 것이 있고, 제주도 등 각급 지자체에서 주민자치위원을 뽑을 때 제비뽑기를 활용한 것을 들 수 있다. 여기서 일단 추첨제가 있기 전에 주민자치위원이 되기 위해서는 교육 이수를 해야 한다는 점에서 그 분야의 문외한이라는 오해를 극복할 수 있었다는 점도 주목할 필요가 있다. 특히 2008년 1월부터 실시된 국민 참여 재판 제도에서 20세 이상의 국민 중 무작위로 배심원을 뽑고 있다는 점도 주목할 필요가 있다. 실지로 이들 배심원들의 결정은 90% 정도 대법원의 판결과 일치할 정도로 정확성과 합리성을 가지고 있음이 입증되었다. 현재 해외의 경우에는 캐나다 온타리오 주는 2006년부터, 브리티스 컬럼비아 주는 2004년부터 선거구마다 1~2명을 추첨해 시민총회를 구성하고 있다. 이러한 시민총회는 권고안 등을 작성해서 국민투표를 회부하는 등의 활발한 활동을 하고 있다.

기후시민의회를 향하여

2021년 5월 대통령 소속 '2050 탄소중립위원회'가 신설되어 80여 차례의 숙의 과정을 거쳐 하나의 결과물을 발표했다. 《탄소 중립에 대한 시나리오적 접근》이라는 보고서로서 세 가지 안을 제시하고 있었다. 그러나 1안과 2안은 탄소 중립을 하지 않겠다는 의도를 보였으며, 3안조차도 기술 발전을 가정한 공상과학소설이었다는 평가를 받았다. 이것은 숙의민주주의의 커다란 위기를 초래했으며, 청소년위원과 종교위원들이 탄소중립위원회를 사퇴하는 결과를 낳았다. 이에 대해 청소년기후행동은 사퇴선언문을 통해 전격적인 기후시민의회로의 이행을 주장했다. 그 사퇴서는 다음과 같다.

> 지난 2020년 말 대통령의 탄소 중립 선언 이후 대통령 직속 탄소중립위원회가 구성되었습니다. 정부 위원회에서 민간위원의 참여 연령이 낮아지고, 저희에겐 청소년 당사자로서 이 논의에 참여할 수 있는 기회가 생겼습니다. 실질적인 정책 논의 테이블에서 우리의 목소리를 전할 기회 자체가 애초에 없었기에 '기회의 공정'에 내달릴 수밖에 없었습니다. 단지 미래 세대로 존재하는 게 아니라 의사 결정의 주체로서, 실질적인 기후위기 대응을 요구할 수 있는 자리

로 탄소중립위원회에 참여를 결심하게 되었습니다. 하지만 탄소중립위원회에 위원으로 참여하며 이러한 기회의 공정 조차도 기후위기 대응의 제대로 된 논의를 보장할 수 없다는 것을 알았습니다. 당사자들은 여전히 배제된 채로 정부와 산업계의 이익을 대변하기 위해 작동되는 거버넌스는 여전했습니다.
  - 〈청소년기후행동 탄소중립위원회 사퇴선언문〉 중에서

이러한 청소년기후행동의 반응에 따라 기후시민의회에 대한 연구도 활발히 이루어지고 있다. 사실상 기후시민의회는 영국의 기후회의$^{CAUK,\ UK\ Climate\ Assembly}$와 프랑스의 기후시민총회$^{CCC,\ Citizens\ Convention\ for\ Climate}$로 구체화되어 있고, 현재에 활발한 기후위기 대응 시민의회로서의 역할을 하고 있다. 청소년기후행동의 기후시민의회의 제안을 그저 꿈이나 공상이 아니라, 구현될 수 있는 유력한 기후위기 대응 방안이라는 점도 드러나는 대목이다. 이를 통해 민회 중심의 추첨제민주주의와 숙의민주주의의 길항 작용을 다시 생각해 볼 여지가 여기에 있다.

Q 28

내발적 발전 전략과
커뮤니티 비즈니스의 승수 효과
관계 중심의 공동체 경제에 대한 단상

성장주의에 맞선 내발적 발전

70년대 일본 사회는 고속 성장과 근대화의 열풍으로 인해 사회가 떠들썩했다. 그런데 1976년 일본의 사회학자 츠루미 가즈코 鶴見和子는 성장주의에 반대하는 새로운 경제 모델을 들고 나왔다. 이른바 '내발적 발전Endogenous Development'이 그것이다. 이는 지역 순환 경제나 커뮤니티 비즈니스 모델의 원형이 되는 제안이었다. 내발적 발전 전략은 철저히 지역 사회와 공동체로 범위 한정 기술을 적용하여 시야를 좁힌다. 이를 통해서 외부로부터 자원-부-에너지가 들어오는 것에 의존하기 보다는 내부자들끼리의 순환 경제를 통해서 시너지를 극대화하는 것으로 관심을 이동시킨다. 다시 말해서 지역 순환 경제는 외부로부터 자원이 들어오거나 외부로 자원이 유출되는 게 아니라, 내부 거래를 가속화함으로써 부와 자원이 시너지를 발휘하도록 하는 방법이다.

　이를 쉽게 이해하기 위해서는 마트에서 우리가 만 원이라는 돈을 쓴다면 만 원은 만 원에 불과하고, 지역사회 외부로 만 원이 유출될 거라는 점을 이해하는 것으로부터 출발해야 한다. 이번에는 골목상권에서 만 원을 쓴다면 어떻게 될까? 이발소 주인은 철물점에 가서 만 원을 쓰고, 철물점 주인은 목욕탕 주인에게 만 원을 쓰고, 목욕탕 주인은 안경원 주인에게 만 원을 쓰는 순환 고리를 생각해 볼 수 있다. 이렇게 되었을 때 만 원은 만 원 이상의 승수 효과를 갖게 된다. 여기서 승수 효과는 최종적으로 산출된 총효과로서, 순환이 거듭될수록 거듭 제곱으로 높아지는 효과이다. 결국 이러한 내부상점 유형으로 범위 한정 기술을 적용한 다음 생각해 보면 왜 3M$^{Mart,\ Multiplex,\ Mall}$이 생기면 마을과 공동체가 가난해지는가를 규명할 수 있게 된다. 역외 유출이 된 것이다. 하나의 구역에는 순환되어야 할 자원과 부의 규모가 있으며, 이것이 구역 외부로 유출될 때 다 함께 가난해진다.

관계 중심의 커뮤니티 비즈니스

자본주의 사회의 일상은 이렇게 펼쳐진다. 자신과 관계도 없는 사람의 소식과 정보를 접하고, 자신과 관계도 없는 사람과 거래를 하고, 자신과 관계도 없는 사람과 벽을 맞대고 사는 일상이 그것이다. '관계가 왜 중요한가?'라고 의문을 품을 수 있다. 관계는 타자를 내 안에 수용하여 자신의 일부로 만들어낸다. 더욱이 관계는 그 타자를 환대하여 자신의 일부를 구성할 수 있는 원동력으로 삼을 수 있다. 커뮤니티 비즈니스란 그런 원리에 따른다. 만약 우발적으로 가게 문을 열고 들어갔을 때, 가게 주인은 그 낯선 사람을 환대하여 관계를 맺는다. 그렇게 되면 지속적으로 거래할 수 있는 고객이 된다. 고객이 된다는 것이 관계 외부에서 벌어지는 상품 교환만 있은 게 아니라, 선물과도 같이 주어지는 다양한 것과 사랑, 우정, 돌봄의 순환 속에서 관계는 성숙하게 되기 때문이다. 그렇게 되면 그 고객은 친구들을 데리고 방문하면서 자신의 일상의 관계 속에 하나로 그 가게를 배치하게 된다. 결국 관계를 통한 거래는 하나의 경우의 수를 설립하는 것과 마찬가지라고 할 수 있다. 자신이 선택할 수 있으려면 산술적 수가 아니라 경우의 수가 필요하다. 그저 양적으로 100을 주었고, 10을 더했으니, 110이 되는 게 아니다. 110이 다시 100과 10의 더함이 되기 위해서는 경우의 수가 되기 때문이다.

관계는 마법과도 같다. 자신이 낯설게 생각했던 것을 친근하게 만들고, 자신의 삶 속에 사람들과 함께 즐거워하고 환대하는 광경을 상상하게 만든다. 관계는 용기가 생기고, 의지가 생기고, 기대어 의존할 수 있는 여지를 만든다. 관계는 고독과 외로움, 소외가 아닌 연대, 우애, 협동, 사람 사는 느낌 등을 만들어낸다. 그래서 도시에서 고립된 사람들이 관계를 통해서 거래를 하고자 하는 게 당연하다. 인기가 많은 연예인이 광고해서가 아니라, 자신의 주변에서 한번 관계했던 사람들의 물건을 사고 싶은 게 인지상정이기 때문이다. 관계가 갖고 있는 힘과 능력에 따라 사업의 규모를 늘리고 사업을 구상하고 사업을 통해서 관계를 확장하는 게 커뮤니티 비즈니스의 핵심이다. 일면식도 없는 사람이 어디선가 구름떼처럼 찾아올 거라는 환상으로부터 벗어나야 한다. 우발적 고객의 신화는 성장주의가 만든 환상과 같다. 만약 우발적 고객이 발생하더라도 관계를 맺고 환대하기 위해서 노력해야 하는 이유가 여기에 있다.

커뮤니티 비즈니스가 사회적경제 호혜 모델과 만났을 때

커뮤니티 비즈니스는 마을과 공동체에서 사회적경제를 만들어 갈 때, 가장 핵심이 되었던 원리였다. 특히 사회적경제나 협동조합의 증여와 호혜의 모델은 커뮤니티 비즈니스 모델과 만나 크나 큰 시너지를 만들어냈다. 도시에서 위생적이고 탈색된 거래 방식에 익숙했던 사람들은 아무래도 관계는 거추장스럽고 부담스럽다고 느낄 수 있다. 그렇기 때문에 너무 가깝지도 너무 멀지도 않는 거리 조절을 하면서 관계를 형성하는 것도 필요하다. 증여와 호혜 즉, 선물을 주고받는 것과 같은 거래 방식은 마을과 공동체 자체에 부와 자원을 순환사키기 위한 기본적인 판을 구성하는 것과 마찬가지라고 할 수 있다. 하나의 선물은 수많은 선물이 되어서 되돌아온다. 마을과 공동체에 주지 못해 안달인 사람들로 가득하다면, 거기에 물품이 딸려 들어가고 소정의 금액이 함께 동반될 수 있는 여지도 비로소 생긴다.

호혜 모델로서의 사회적경제는 커뮤니티 비즈니스를 통해서 무임승차가 아닌 자원-부-에너지의 순환 경제를 구성할 수 있는 여지를 만들어낸다. 이를 테면 생활협동조합에서 도농교류 한마당이 열렸을 때, 자신이 먹던 쌀과 농산물, 과일을 생산한 농민들과 대화를 하면서 맛과 느낌, 그해의 작황, 농업에서 생긴 일들을 이야기해 볼 여지가 생긴다. 농민들의 입장에서는 고객이 생겨서 좋고, 소비자 입장에서는 믿을 수 있는 사람이 생겨서 좋다. 그렇게 지역을 넘어선 순환의 고리 역시도 지역 순환 경제에서 꿈꾸어볼 수 있는 여지가 생긴다. 동시에 커뮤니티 내부에서 내부자간 거래를 통한 방식은 겉으로는 성장이나 성과가 거의 없는 것 같지만, 호혜와 증여의 다양한 자원과 부가 순환하고 있다는 증거일 수 있다. 그래서 마을과 공동체는 겉으로는 적은 자원으로도 풍요로울 수 있다. 그런 점에서 이러한 커뮤니티 비즈니스와 지역 순환 경제는 내발적 발전 전략의 핵심을 이루는 원리라고 할 수 있다.

지역 순환 경제 모델과 그 외부

지역 순환 경제는 돌봄 순환 경제이다. 돌봄이 자원과 함께 유통되어 마을과 공동체를 풍요롭게 만들기 때문이다. 그러나 부침이 없는 것은 아니다. 내부의 자원이 아무리 순환한다 하더라도 외부에서 그 소재가 되는 핵심 자원들이 들어와야 순환할 여지도 생기기 때문이다. 외부로부터의 유입이 없는 내부자 거래만 있는 경제를 우리는 게토경제라고 한다. 그렇기 때문에 의도적 게토화라는 탈성장의 방향성이 불가능한 게 아니나, 공공영역에서 부와 자원을 끌어들이는 노력 역시도 필요하다. 그렇기 때문에 지역 순환 경제는 어떻게 하면 공공으로부터 자원과 부를 끌어들일까를 고민하게 되고 민관 협치에 참여하면서 그 수혈에 의존하게 되는 경우도 많다. 그러나 지역 순환 경제의 자기 주도성, 자기 결정성, 자율성 등이 외부 의존도에 따라 사라지는 것은 또 하나의 성장주의의 모습에 불과할 수밖에 없다.

내발적 발전 전략은 성장주의가 아닌 내부자 거래, 커뮤니티 비즈니스, 지역 순환 경제가 시너지를 발휘하는 거대한 마을과 공동체, 사회적경제의 판을 깔자는 의미이다. 그런 점에서 활력과 돌봄이 유통되고 삶을 살아갈 자원이 함께 유통되는 그러한 판을 상상하게 만든다. 물론 그러한 내발적 발전 전략만으로 실질적으로 모든 게 움직일 수 있는 여지는 거의 없다. 그러나 사회적경제와 마을, 공동체가 자신의 작동 방향성에 염두에 두어야 할 충분한 여지를 갖고 있는 게 내발적 발전이다. 우리는 지역 사회에 뿌리 내리고 지역에 마을만들기운동을 하고, 지역주민과 기후위기 대응을 고민하는 생활협동조합운동에 주목하게 된다. 그것이 바로 이론상의 내발적 발전이 구현된 현실적인 실체가 아닐까 하는 생각이 드는 대목이다.

Q 29

펜데믹 시대, 마을과 공동체 단위도 너무 크다
초극미세 전략으로서의 모듈과 컨비비움 이중 전략의 필요성

무차별 사회에서 간(間)공동체 사회로

사회(社會, Society)는 어떤 일정한 장소, 역사, 거주지를 둘러싸고 공동생활을 하는 인간의 집단을 의미한다. 사회에서 사람들이 함께 모여살기 때문에 협력적이고 연대적인 활동과 일이 중요할 수밖에 없다. 한때 "사회를 보호해야 한다"는 미셸 푸코의 말이 유행했던 적이 있나. 사회주의, 사회석 가치, 사회석경세 등의 연관어를 보더라도 사회의 중요성이 막대하다는 것을 알 수 있다. 그런데 개념상으로는 사회는 미리 전제되어 있지만, 범죄, 폭력, 차별, 증오, 혐오 등의 최근의 현실을 살펴보면 사회 자체가 자연스럽게 조성되는 것이 아님이 속속들이 드러나고 있다. 사회는 끊임없이 구성되고 재건되고 생산되어야 할 관계망이지, 선험적으로 주어지는 불변항이 아니다. 이를 테면 뉴

욕의 도시 사회에서는 치마타^{ち마타}라고 규정될 수 있는 교류와 교통의 거리에서의 행위 양식이 있다. 거리를 지나치는 행인들이 서로 생면부지의 사람들일지라도 서로 지나치면서 눈웃음을 짓고, 서로에게 다가가 관심을 기울이고, 마주친 사람과 대화를 하는 등의 방식으로 관계를 맺는다. 치마타는 뉴욕의 주변부 민중과 소수자들이 창안하고 구성한 일종의 사회 양식이다.

그러나 한국 도시의 행위 양식은 그야말로 무차별 사회의 모습으로 나타난다. 무정형, 무관심, 무표정의 거리가 그것이다. 서울 한복판 거리에서 낯선 누군가가 다가와 말을 건다면, 아마 부지불식간에 방어적인 태도부터 취하게 될 것이다. 낯설고 이질적인 관계망과 친밀하고 유대적인 관계망 사이를 연결할 횡단면이 부재한 상황이다. 그 횡단면은 낯선 것에 대한 환대와 가까운 것에 대한 우애 사이에 있는 관계망 바로 사회이다. 이를 넘어서기 위해서는 우리 사회는 일단 간間공동체, 간間네트워크 사회로의 전환이 요구된다. 공동체와 공동체의 접촉 경계면에서 사회를 구성해 내고, 네트워크와 네트워크의 접속 경계면에서 사회를 구성해 내야 한다. 이에 앞서 지금-여기-가까이에 있는 공동체의 삶의 재창조가 가장 직접적으로 사회 재건과 창안을 위해서 먼저 요구되는 거라고 할 수 있겠다.

커뮤니티의 기능 정지와 새로운 전략 고민

저성장 시대, 장기 불황의 초입에 들어선 요즘, 커뮤니티의 기능 정지에 대한 우려와 걱정이 활동가들 사이에서 확산되고 있다. 커뮤니티로서의 공동체, 네트워크, 협동조합 등에서 주최한 행사에 사람들이 참여는 하는데, 관객이나 조용한 참여자 한 사람으로 지켜보다가 사라지고 다시는 모습을 보이지 않는 사람들이 대부분이다. 더욱이 팬데믹 상황에서 사회적 거리두기는 사회라는 관계망을 더욱 해체하고 와해시키고 있다. 마스크 너머도 표정이 보이지 않고, 밀접 접촉을 회피하기 위해서 거리를 두고 앉아 있는 사람들 간의 관계망은 기존의 공동체와는 매우 거리가 멀다. 사회적 거리두기 상황 속에서 이제 가게에 자발적으로 문을 열고 들어오는 고객이 줄어들었고, 소식만 알리면 찾아오던 관객도 줄어들었다. 모든 사회적 배치와 자리에 있어서 판짜는 노력이 중요해졌다. 그래서인지 공동체 활동가들 사이에서는 위기감과 더불어 다시 논의되고 있는 문제 의식이 '관계의 실질화'가 이루어지기 위해서 가까운 거리의 소수 인원에 의한 강한 상호 작용이 이루어져야 한다는 점이다. 즉, 펜데믹 시대에 커뮤니티도 관계를 현실적이고 역동적이고 친밀하게 만들기에는 너무 크다. 다시 말해 일반적으로 커뮤니티의 적정 인원이라 불리는 10~30명의 관계망 속에서 주인공과 관객이 생기고, 무대와 연사와 청중이 설립되고 있다고 진단되고 있다.

너와 나 사이에서 네 것도 내 것도 아닌 공유 자산, 생태적 지혜, 집단 지성이 생긴다는 커먼즈의 논리 구도에서는 너와 나가 일단 관계를 맺게 되면 시이주채성Inter-Subjectivity, 시로주제싱, 간주관성이 형성된다는 것은 자연스러운 일이고 당연한 일이었다. 그러나 그 전제 조건 역시도 흔들리고 있다. 이를 테면 맑스주의가 차용했던 헤겔의 변증법의 구도 역시도, 인륜적 공동체가 미리 전제되어 있기 때문에 모순, 대립, 적대가 결국에는 사회의 성숙과 발전의 원동력이 된다고 보았다. 그러나 사회가 파편화되고 미세하게 분리되고 있는 현시점에서 인륜적 공동체는 미리 주어지지도 않으며, 자연스럽게 발생되지도 않고, 인간의 본성도 아니라는 사실이 속속 드러나고 있다. 그래서 모순과 대립은 자칫 사회 분열과 붕괴, 절멸로 비화될 뿐이라는 점도 드러난다.

커뮤니티를 내실화하고 관계를 실질화하기 위한 방안에 대한 논의는 시작 단계에 있다. 이에 대한 두 가지 개념이 있는데, 이는 모듈Module과 컨비비움Convivium이다. 모듈은 2~5명 단위로 이루어진 작은 기능적인 완결 단위로서의 결사체의 모습으로 나타난다. 모듈은 가장 긴밀하고 일체화되고 있으면서도, 일과 활동에서 서로에게 강렬한 지지대가 되어주는 작동 단위로써 기능한다. 이러한 모듈 단위가 모이면 공동체가 된다고 볼 수 있겠지만, 모듈 자체가 갖고 있는 기능적인 면이나 결사체적인 속성 때문에 공동체의 풍부함과 다양함을 담아내기 어렵다는 지적도 있다.

모듈 전략의 작동과 양상

그럼에도 불구하고 역사적 사례를 살펴보면, 모듈 전략이 가진 풍부함과 잠재력을 느낄 수 있다. 한국에서의 모듈 실험은 촛불

생협이라고도 알려져 있는 광명의 YMCA등대생협에서 그 사례를 찾을 수 있다. YMCA등대생협이 처음 생겼을 무렵에는 물품을 진열하고 판매할 수 있는 매장이 따로 없었다. 대신 이웃을 이룬 4~5 가정씩 무리를 지어서 물품을 받는 지정된 집에서 정기적으로 함께 식사를 하고, 각 가정들이 직면한 아이들의 교육, 육아, 살림, 돌봄 등의 이야기를 나누는 작은 단위를 구성했다. 이 과정에서 각 구획 단위가 작은 모듈로써 작동하면서 구체적인 실행과 미세한 협력, 실질적인 연대의 행동에 나섰다.

모듈에 대한 해외 사례로는 쿠바의 유기농 혁명 과정에서 나타났던 모듈을 들 수 있다. 쿠바의 경우에는 1990년대 미국의 석유 금수 조치로 인해 전국적으로 물품 공급이 끊기고 전 국민이 기아에 시달리는 상황이 도래한다. 당시 쿠바의 공동체를 중심으로 2~3인이 한 조가 되는 모듈을 구성하여 유기농업 현장에 투입하는 전략을 구사한다. 그럼으로써 체력이 저하되고 전망이 안 보이는 상황에서 모듈 구성원들끼리 농사를 지으면서 풍부하고 다양한 이야기꽃을 피우고 활력을 가질 수 있는 결사체로서 기능했다.

이처럼 모듈은 커뮤니티의 느슨한 연결망의 의미를 벗어나 가까운 거리에 있는 사람들의 집단적 배치를 통해 실행 단위, 작동 단위, 기능 단위로서의 면모를 갖춤으로써 가장 강력한 힘을 발휘할 수 있다는 장점이 있다. 동시에 모듈과 모듈 사이를 기능 연관으로 만들고 작입적인 분리 상태를 조심함으로써, 최악의 상황에서도 연쇄적으로 붕괴하지 않도록 신축성, 유연성, 회복탄력성을 갖출 수 있다는 장점도 있다.

쿠바 유기농 농장

컨비비움 전략의 작동과 양상

그럼에도 불구하고 모듈이 갖지 못한 공동체의 풍부한 징후적인 잠재성에 주목하는 또 하나의 흐름이 있다. 이는 소농들의 술자리에서 마을의 대소사가 논의되고 흥과 재미와 활력이 재충전되는 것과 같이 2~5명 단위의 컨비비움, 즉 공생공락^{共生共樂}의 단위가 조성되어야 한다는 논의가 그것이다. 모듈이 지나치게 기능, 효율성, 의미에 치중하는 데 반해, 컨비비움은 다기능성, 자율성, 재미와 흥에 치중한다는 점에서 큰 차이가 있다. 컨비비움은 마치 작은 술자리가 옆으로 증식하여 마을로까지 확산되듯이, 한 컨비비움이 다른 컨비비움을 낳고 낳기를 반복하는 수평적 확산 모델에 기반하고 있다.

컨비비움은 세계슬로우푸드협회에서 실험적으로 시도되었던 조직화 방식이며, 이제 개념 연구의 초입 단계에 와 있다. 여기서 우리는 모듈이 컨비비움으로 전환되고 이행할 수 있다는 점에 주목해야 한다. 즉, 어떤 모드에서는 "~은 ~이다"라는 의미화 양식에 따르는 '의미와 기능 모델'의 모듈이었다가, 어떤 모드에서는 "~이거나 ~이거나"라는 지도화 양식에 따르는 '재미와 놀이 모델'의 컨비비움으로 전환하고 이행하는 변신에 능한 행동 단위를 구상해 볼 수 있다.

팬데믹 시대에 커뮤니티도 관계를 실질화하기에 너무 크다는 공동체와 협동조합의 진단은 모듈과 컨비비움의 초극미세 전략의 모색으로 나타나고 있다. 그 연구는 아직 시작 단계에 있지만, 향후에 공동체의 성숙과 발전, 간(間)공동체로서의 사회 재건과 창안의 토대 연구임에 분명하다. 우리는 아직까지 공동체의 잠재력과 가능성, 전망에 대해 아주 조금밖에 알고 있지 못하다.

Q 30

이야기 구조가 없는 상품
이야기 구조가 있는 선물
마르셀 모스의 『증여론』에 대한 단상

선물 주고받기와 증여론

선물을 받으면 기분이 좋아지고, 힘이 생기고, 용기가 생기는 것 같다는 이야기도 있다. 친구가 남몰래 건네 준 선물은 내게는 인생템이라고 할 정도로 애착이 가고 이야깃거리도 많다. 그러나 선물을 받고 조금 지나 걱정도 든다. '나는 무엇을 선물로 친구에게 돌려줄까? 혹여 받지 않으면 어쩌나?' 하는 생각이 그것이다. 선물은 겉으로는 자유롭고 무상無償, 다시 말해 무료인 것 같지만 강제적이고 타산적인 면모도 갖고 있다. 그래서 마르셀 모스Marcel Mauss는 줄 의무, 받을 의무, 되돌려줄 의무로 이루어진 선물을 둘러싼 관계를 급부 체계給付體系라고 한다. 급부 체계는 겉으로는 강제가 전혀 없는 것 같지만, 사실은 의무적으로 답례를 해야 한다는 공동체 규칙이 있어서 그것을 달성하지 못하면 명예나 위신에 손상을 입게 된다. 그래서 지극히 이해관계를 가지고 있는 게 선물이다. 그렇다면 받은 물건에 어떤 힘이 있기에, 우리를 움직이고, 강제하고, 감동하고, 들뜨게 만들까? 프랑스 사회학자 마르셀 모스는 『증여론2011. 한길사』에서 포틀래치라는 관혼상제에 엄청난 규모의 선물을 주는 행사를 두고 다음과 같이 말한다.

> 포틀래치의 두 가지 본질적인 요소, 즉 부가 주는 명예·위세·'마나Mana, 비인격적인 초자연력'의 요소와 답례하지 않으면 이러한 마나, 권위, 불가사의한 힘, 부의 원천 -이것이 권위 그 자체이다- 등을 잃어버리기 때문에 답례를 해야 하는 절대적인 의무의 요소가 분명하게 확인된다.[20]

그가 말하는 마나라는 개념은 사물영혼론으로서의 애니미즘의 흔적도 갖고 있다. 사물영혼론은 사물에 어떤 영성이나 신성 같은 마음이 깃들어 있다는 전통적인 공동체 사유 방식이다. 사실 상품에는 이야기 구조가 없고 광고 이미지가 깃들어 있다면, 선물에는 이야기 구조가 들어가 있고 사랑, 정성, 욕망 등이 깃들어 있다. 그래서 사물이 살아 움직인다는 느낌은 바로 선물에 기반한 삶의 방식에서 발생된 생각들이다.

마르셀 모스의 『증여론』은 근대 자본주의 성립 이후 경제 체제 및 생산·소비, 거래, 교환 활동의 원리를 다시 성찰하도록

---

[20] 마르셀 모스, 『증여론』, 한길사, 2011, p61

한다. 우리는 과연 무엇을 거래하고 교환하는 것인가? 자신과 관계도 없는 사람과 거래한다는 것은 사물을 오히려 비하하도록 만드는 것은 아닐까? 유명 연예인들이 환상을 심어주는 상품 거래는 과연 우리와 관계가 있는 것일까? 상품 거래가 원인과 결과가 딱 맞아 떨어지는 1대 1의 등가 교환에 기반하여 합리적인 것처럼 보인다. 그러나 선물을 주고, 받고, 답례하는 과정이야말로 우리는 거대한 이야기 구조로 이끈다. 우리가 선물을 받았을 때 우리는 이미 이야기꾼이 되어 있다. 선물 주고받기는 증여와 호혜라는 구도를 만들어낸다. 누군가에게 무언가를 준다는 것은 고귀한 지출이며 자신의 감정에 대한 솔직한 표현이다. 동시에 때로는 과시적, 위시적, 경쟁적인 모습을 드러내는 역동적인 시스템조차도 함께 갖고 있다.

상품과 선물의 비교

상품은 물건 자체는 쓰임, 용도로만 파악할 뿐이며, 죽고 딱딱하고 화석화된 사물이라는 관점이 있다. 다시 말해서 '책상은 책상일 뿐이다'라는 표상에 가두어져서 그 자체 이상의 의미를 갖지 못한다. 이는 기존 유물론이 갖고 있던 표상주의를 의미한다. 상품에는 사랑, 정성, 욕망이 깃들어 있지 않기 때문에 환상과 이미지를 부과한다. 이러한 환상은 물신주의[Fetishism]를 유발하여 인간 관계를 사물화된 질서로 여기기도 한다. 물건이 죽고 딱딱하고 화석화되어 있기 때문에, 인간 관계조차도 죽고 딱딱하고 화석화된 것으로 여긴다. 이에 따라 물건을 찬양하지만, 물건이 갖고 있는 잠재성과 깊이를 찬양하는 게 아니라, 축장되고 부를 누리고 편리해지고 유행을 타는 것에 대한 찬양에 불과하다. 당연히 물건에 사랑, 욕망, 정성이 담겨 있지 않으며, 뻔하게 보면서 찬양하는 이중적인 태도를 취한다. 자본주의의 상품 거래는 등가 교환에 따라 계산적인 마음에 따라 움직인다. "네가 10을 주니 내가 10을 받는다."라는 계산속이 작동한다. 그런 점에서 늘 산술적인 수에 따라 이루어지는 함수론이 기반일 수밖에 없다.

반면 선물은 사물의 깊이와 잠재성을 응시하면서, 그 사물을 어루만지기기만 해도 용기가 생기고 삶의 의욕이 생길 정도로 강력한 사물영혼론의 기반을 제공한다. 사물은 살아 있고, 풍부하고, 충만하며, 생명력이 있다. 선물을 준 사람의 이야기 구조가 동반되며, 사랑, 정성, 욕망이 담겨 있다. 애니미즘에 따라 그 사물만 보더라도 선물을 준 사람이 떠오르고, 사물은 더 큰 확장감을 갖는다. 늘 부등가 교환에 따라 정성 자체가 중요하지, 그것에 대한 계산적인 마음은 작동하지 않는다. 상품은 예측 가능한 산술적 수에 기반한다면, 선물은 예측 불가능한 경우의 수가 작동한다. 어느 누구가 불쑥 그 선물을 줄 것인지 정해져 있지 않기 때문이다. 마치 동학농민운동에서 최시형崔時亨이 경천敬天·경인敬人·경물敬物이라는 삼경사상을 주장한 것 중에 경물 사싱이 얘기했듯이, 사물을 아끼고 수선, 배열, 정렬, 배치에 따라 가지런히 놓은 마음은 바로 선물에 기반한 마음이다. 이렇듯 선물은 사물의 깊이와 잠재성을 응시한다는 점에서 기존 유물론과 다른 신유물론을 개방한다고도 할 수 있다.

포틀래치와 쿨라

포틀래치는 관혼상제의 과정에서 엄청난 모포더미와 선물더미를 제공하는 북미 인디언들의 관습이었다. 이는 공동체와 증여의 관계를 의미한다. 공동체에서 지속적으로 도움을 받은 사람은 이러한 행사에서 되갚을 수 있는 기회를 얻기 때문이다. 이러한 포틀래치는 쌍방형 우애의 관계에서 발생한 증여라고 할 수 있다. 준만큼 돌려주는 급부 체계가 작동하기 때문이다. 반면 폴리네시아 등에서 유래한 쿨라^{Kula}는 목걸이와 팔찌 등을 제3자에게 증여하여 섬을 원환圓環으로 한 바퀴 도는 순환형 증여시스템이다. 그런 점에서 쿨라는 환대의 관계에 기반하고 있다. 가깝거나 친밀한 관계에서는 쌍방향의 우애가 성립하기 쉽다. 반면 낯선 것과의 주체성을 생산하기 위해서는 우애만으로는 힘들며, 환대와 우애가 어우러져야 한다. 그런 점에서 포틀래치는 공동체에 기반하고 있다면, 쿨라는 사회에 기반하고 있다. 동시에 포틀래치는 우애에 기반하고 있다면, 쿨라는 환대에 기반하고 있다.

    증여와 호혜는 공동체적 관계망의 작동 원리이다. 공동체는 선물을 주고 받으면서 관계를 성숙시켜 나간다. 동시에 상품에는 이야기 구조가 없다면, 선물에는 이야기 구조가 있다는 점에 주목해야 한다. 공동체는 작은 지역 사회이기 때문에, 명예를 지키고 인간된 도리를 하는 것, 손가락질 받을 만한 일을 꺼리는 게 무엇보다 중요하다. 그렇기 때문에 증여와 호혜의 관계망의 판이 굉장히 중요하다. 공동체의 구성원들이 관계망 내에 존재하도록 독려하는 행위로서 선물만큼 효과적인 것도 없다. 동시에 공동체 내의 풍부한 이야기를 생산하는 동력이 바로 선물로부터 나온다고 해도 과언이 아니다. 마르셀 모스는 이야기 구조가 있는 선물의 효력을 신성과 영성까지 확장하면서 다음과 같이 얘기한다.

하지만 그것들의 탁월하고 신성한 성질을 인정하지 않을 수 없다. 그것을 소유하면 기분이 좋아지고, 용기가 생기며, 마음이 가라앉는다. 그것을 지니고 있는 사람들은 그것을 만지면서 여러 시간 동안 바라본다. 그것과 단지 접촉하기만 해도 그 효력이 전해진다. 사람들은 바이구아를 위독한 환자의 이마와 가슴에 올려놓거나 그것으로 배를 문지르며, 또는 코앞에서 그것을 이리저리 흔든다. 그것은 환자에게 최고로 위안을 준다.[21]

---

21 같은 책 p106-107

6장

함께 꿈꾸는 탈성장 전환 사회

Q 31

효율성 문명, 일회용품 문명을 넘어서
정은혜 작가와 플라스틱 만다라에 대한 인터뷰

정은혜 작가의 플라스틱 만다라처럼 비효율적인 작업도 없을 것이다. 이 작품은 크게 줍기와 배치로 이루어진다. 먼저 바다의 플라스틱과 미세 플라스틱 알갱이를 쪼그리고 앉아서 일일이 골라내고 줍는 작업이 선행된다. 보통 이 줍기의 작업은 봄, 가을, 초겨울 내내 이루어진다. 그 줍기의 과정은 지구의 고통과 공감하는 작업이고, 얼마나 한 사람이 해낼 수 있는 일의 양이 적은지를 깨닫고 겸손을 느끼는 과정이다. 좌절도 많이 있다. 깨끗이 치워서 기뻐하면 다음날이면 어김없이 쓰레기들이 가득하기 때문이다. 그래도 지금 이 순간 지구의 고통과 함께하고, 지구와 바다 생명체와 연결되어 있다는 감각이 열리기 때문에 환희가 느껴진다.

 그 다음으로 만다라를 배열하는 작업이 있다. 만다라는 산스크리트어로서 '원 또는 바퀴'라는 의미를 가지고 있다. 고대 언어들이나 고대 동굴벽화 등에서도 만다라 형태가 고스란히 드러난다. 종교적 기원을 생각하는 사람들이 많지만, 종교에 앞선 자연의 형태이자 이미지라는 점에서 만다라의 기원은 깊고 심오하다. 플라스틱 알갱이를 일일이 배치하고 있으면, 사람들은 "그걸 접착제로 붙여서 팔면 어떠냐?"라고 말하기도 한다. 그러나 만다라는 결과물을 바라지 않는 결과물이다. 만다라를 배열하는 작업은 2일에서 10일 정도가 든다. 오색찬란한 만다라는 참으로 아름답다. 균형과 조화, 미적인 측면에서 자연이 갖고 있는 원형적인 형태가 그대로 들어가 있기 때문이다. 그게 다 만들어지면 그 다음 남은 일은 무엇일까?
 바로 해체 작업이다. 완벽한 만다라가 만들어지면 곧 해체된다. 그것에 걸리는 시간은 단 2분에 불과하다. 더할 나위 없이 덧없는 감정, 즉 무상無常한 느낌이 스친다. 그러나 완전한 문양인 자연과 생명 역시도 끝이 있듯이, 아름다운 만다라는 다시

미세 플라스틱 쓰레기로 변해 버린다. 사실 플라스틱 만다라는 줍고 만들고 그러는 반복적인 과정이 주는 희열과 기쁨 이외에는 쓸모나 용도가 거의 없다. 그러한 반복은 몸과 마음을 충만하게 만들고 풍요롭게 만드는 원천이다. 지금-여기를 온전히 살아갈 수 있도록 만드는 원천이기도 하다. 반복적인 행위에서 얻는 게 무엇일까? 그것은 보이지 않는 것들이다. 무언가 빠르고 효율적으로 일하는 것과는 거의 상관없는 정신적이고 비물질적인 만족감 그런 것이다.

이러한 플라스틱 만다라의 생성과 소멸의 과정은 굉장히 비효율적이며, 성과도 없다. 효율적으로 무언가를 해낼 수 있다고 생각할 때가 있다. 가시적인 성과가 있고, 손에 잡히는 결과물이 있다면 효율성에 더 집착하게 된다. 그러한 생각은 지금과 같은 생태계 위기도 단번에 해결할 수 있는 기술과 제도가 나올 거라는 헛된 희망을 품게 한다. 그러나 획기적이고 효율적인 열쇠 개념이 나와서 위기의 해결책을 단번에 제시해 줄 거라는 생각은 덧없는 망상에 가깝다고 할 수 있다. 생태계의 연결망은 복잡하게 얽혀 있어서 오만한 인간이 망가뜨린 생명과 자연의 고통에 공감한다면 엄청난 죄책감으로 다가올 수도 있다. 그 죄책감을 온전히 인정하고 눈 감거나 피하지 말고 대면해야 한다.

정은혜 작가의 플라스틱을 줍는 일상은 반복적이고, 반복적인 파도소리와 바람소리를 듣는 리드미컬한 작업이다. 그러한 과정에서 천천히 헤낼 수 있다는 자신감도 생기고 깨끗해지는 바다를 보면 뿌듯해지기도 한다. 그러나 다음날이면 다시 더럽혀지는 바다를 보면서 좌절과 비탄으로 빠져든다. 태풍이라도 불면 엄청난 플라스틱 쓰레기 앞에서 왜소한 자신을 발견하게 되고 더 겸손해진다. 그 거대한 위기는 바로 효율적인 삶을 살아가기 위한 방편으로 만들어진 플라스틱 문명의 폐기물들이다. 효율성의 껍질을 뒤집고 보면 온갖 쓰레기로 가득하다. 잘 해내고 있다고 가시적인 성과가 있다고 할 때 우리는 의심해 봐야 한다. 혹시 다른 사람과 생명, 자연을 도구, 용도, 쓸모로 대하면서 그 일을 해낸 것은 아닌지 말이다. 이러한 효율성 문명의 산물인 플라스틱 쓰레기를 볼 때 자신과는 아무런 상관이 없다고 지나치는 사람들은 작가를 무척 당혹하게 만든다. 생태계의 연결망 속에 살고 있는 우리 자신들은 서로 연결되어 있어서 우리 자신의 효율적인 문명에 빠져들면, 어디선가 바닷가로 플라스틱 쓰레기가 되어 다시 찾아온다.

바다에서 쪼그려 앉아서 미세 플라스틱을 줍고 있으면 지나가는 사람들이 이런 얘기를 합니다.
"뭐 좋은 거 찾으세요? 반지 잃어 버리셨나요?"

심지어 금붙이나 반지를 찾겠다고 금속탐지기까지 동원하는 사람인 양 바라보는 시선도 있다. 더욱이 이런 경우도 있다.
"너무 좋은 일 하시네요 여사님, 우리를 위해 환경 정화를 하시니 참 좋은 일 하시는 겁니다."

다시 말해 청소노동자를 대하는 태도로 추켜 세워주면서도 자신과는 아무런 관련이 없다고 생각하며 지나치면서 툭 던지는 얘기는 엄청난 상처로 다가왔다고 한다. 물론 좋은 일 한다고 칭찬해주는 사람들이 많아서 힘이 되는 것도 사실이지만 말이다.

좋은 일 한다고 칭찬해주는 것 보다 함께 주웠으면 어떨까 하는 생각도 드는 대목이다. 사실 플라스틱을 줍는 행위는 좋은 일을 한다는 마음으로도 할 수 없는 작업이다. 승산스님의 말씀처럼 '오직 할 뿐'이라고 마음속에서 수 천 번 반복해서 해야 하는 작업이다. 칭찬을 바라고 한 일도 아니니까 말이다. 이런 작업을 왜 하는지, 하등 쓸모가 없고 비효율적이며 성과도 남지 않는 이런 덧없는 작업을 왜 하는지 궁금해할 것이다. 사실 정은혜 작가는 자신이 미술 작업을 할 때 쓰는 아크릴이 플라스틱이고 아크릴 물감이 묻은 붓을 씻은 물을 하수구에 버리는 것은 미세 플라스틱을 바다로 직접 보내는 행위인 것을 알고 경각심을 갖고 놀랐다고 한다. 특히 미술 영역이 인간의 욕망을 자극하여 보다 값지고 과시할 수 있고 돈과 명예와 관련되어 있다는 사실조차도 부끄러웠다고 한다. 이러한 자기 성찰이 플라스틱 만다라 작업으로 이어진다. 그것은 즐거운 작업이고 재미있는 작업이다. 파도의 철썩거리는 소리, 바람의 윙윙거리는 소리, 새들의 지저귀는 소리를 들으며 바다 앞에서 납작 엎드리고 모래사장을 기어가다가 보면, 마치 거북이가 지나간 것 같은 자국이 모래사장에 남겨지는 게 기쁘기 때문이다. 이것은 또한 마음 아픈 작업이다. 모래를 쓰다듬으면 나오고 또 나오는 플라스틱을 주우면서, 우리가 초래한 절망에 비해 할 수 있는 게 얼마나 미미한지를 느끼게 되기 때문이다. 아픔과 아름다움을 동시에 느끼며, 사랑하는 바다와 연결되어 있는 마음이 풍요로워진다.

    실로 자본주의의 효율성 문명은 경쟁과 속도 문명과 결합되어 경쟁의 사다리 위로 올라가려 아우성치는 사람들의 행렬을 만든다. 이것은 사람들이 세상을 제로섬 게임이라고만 생각하기 때문이다. 우리가 세상을 제로섬 게임이라고 믿는다면, 나의 승리가 다른 사람의 패배로 이어지기 때문에 모두가 지는 오징어 게임과 같은 상황이라고 말할 수 있다. 위기의 시대 모든 것이 불안정해지고 미래가 불확실해지니 사람들은 가시적인 성과와 이에 이르는 효율적인 방법에 집착한다. 어딘가 안전한 곳이 있을 거라는 헛된 생각도 품게 된다. 하지만 세상이 서로에게 양분을 나눠주고 생명을 키우는 숲과 같다면, 우리는 기꺼이 서로의 햇빛을 나눌 수도 있다. 보이지 않는 것에 주목하면서 이를 창조적이고 가시적으로 만드는 것이야 말로 예술이다. 그 창조와 생명의 과정에서 행복이 찾아오고, 플라스틱 만다라는 결과물을 만들지 않는 대신, 충만함으로 가득한 과정을 온전히 경험한다.

   플라스틱을 줍는 과정에서의 경외감과 환희, 그리고 만다라를 만드는 정교한 과정에서의 기쁨과 정성, 마지막으로 그것이 허물어질 때의 덧없음과 유한함을 깨닫는 일련의 과정이 플라스틱 만다라에 아로새겨져 있다. 한 순간의 꿈같기도 하고, 한 줌의 바람과도 같다. 그 모든 것은 생명과 자연과 연결되어 있다는 것을 느끼는 과정이다. 줍는 시간 몇 개월, 배열하는 과정 며칠, 그리고 단 2분 만에 사라지는 플라스틱 만다라는 비효율적이며, 느리고, 굼뜨고, 유한하다. 그러나 그 찰나찰나 마다의 기쁨과 행복이 그 행위를 하게끔 한다.

   그러나 우리는 플라스틱 만다라를 통해서 삶의 진실과 생명의 참 의미를 알게 된다. 정은혜 작가의 작품의 비효율성은 생명과 자연이 왜 비효율적일 수밖에 없고, 우리와 가까이에 연결되어 있는지를 알려준다. 우리는 보이지 않는 수많은 생명과 자연의 연결망을 그려낼 때 그것이 얼마나 효율, 속도, 경쟁과 다를 수밖에 없음을 안다. 플라스틱 만다라는 문명의 폐기물로 만든 아름다운 예술작품이라는 점에서 자연과 생명의 비효율적이지만, 조화롭고 균형잡힌 자연의 모습을 닮은 아름다움을 깨닫게 한다.

Q 32

녹색 성장과 그린워싱을 넘어서 협동운동으로
성장주의 너머에 대한 한살림과의 인터뷰

한국 사회에는 한살림, 아이쿱, 두레 등 굵직굵직한 생협이 많다. 그 중에서도 한살림소비자생활협동조합은 생명사상이라는 독특한 전통 속에서 움직이는 색다른 협동조합 조직이다. 먼저 협동조합이 무엇인지 얘기해야 할 것 같다. 협동조합은 얼마의 돈을 내든 1인 1표의 민주주의가 작동하는 조직이다. 돈을 많이 낸 사람이 권력을 갖게 되는 주식회사와는 상당한 차이가 있다. 더불어 협동조합은 한국 전통의 두레나 계^契처럼 상호 부조의 전통에 따라 상부상조하고 서로 작은 돈을 모아서 서로 돕는 조직이다. 더불어 협동조합에서 유통되는 물건들은 상품이 아닌 물품이라고 규정되는데, 일종의 선물과도 같은 위치를 갖는다. 상품은 관계가 없고 이야기 구조가 없는 데 반해 물품에는 관계가 있고, 그것을 생산한 농부들의 이야기 구조가 있다.

한살림은 1970년대 무위당 장일순 선생과 인농 박재일 선생이 원주에서 처음 문을 연 한살림농산으로부터 그 유래를 갖는다. 장일순 선생님은 농부들이 생명을 살리기 위해서가 아니라, 화학비료와 농약 등으로 농산물을 생산하는 데 문제 의식을 가졌다. 더욱이 농부 자신들이 목숨을 잃을 정도로 유독한 농약이 생명에게 이로울 리 없다는 점이 분명히 드러났기 때문이다. 처음에는 작은 가게로부터 시작한 한살림은 이제 전국 도처에서 친환경 유기농산물을 공급하는 한국의 대표적인 생활협동조합으로 자리 잡았다. 동학에서는 이천식천以天食天이라는 얘기가 있다. 이는 '하늘이 하늘을 먹는다'라는 얘기이고, 우리의 먹거리가 바로 생명이며, 우리 자신의 생명을 살리는 원천이라는 얘기이다. 그토록 존귀한 생명임에도 불구하고 산업화와 개발주의의 열풍은 단순히 상품으로 먹거리를 거래하면서 생명을 죽이는 농산물이 버젓이 유통되고 있었다.

한살림생협은 1980년대 독재와 파시즘이 판을 치고 있는 상황에서도, 생명으로 돌아가는 문명의 전환을 얘기해 왔다. 그리고 친환경 유기농산물을 물품으로 거래해 왔다. 그러면서 생명을 죽이는 산업 문명과 기계 문명에 끊임없이 경고하면서, 생명 살림의 문명으로 향하자고 제안해왔다. 이러한 성장주의를 넘어서려는 시도는 지속되었지만, 한살림생협 자체가 내적 성장의 논리 역시도 존재했던 것도 사실이다. 생협 매장을 늘리고 사업 규모를 늘리고 고용된 활동가들에게 임금을 줘야 한다는 현실적인 논리가 등장한다. 동시에 한살림생협에서 기래되던 친환경 농산물을 대기업 플랫폼 등에서도 거래하게 되는 상황이 도래했다. 한살림의 본래 취지가 돈을 벌자고 한 일이 아니었음에도 불구하고, 시장의 논리가 관철되기 시작한다. 그 과정에서 기후위기가 예상보다 빨리 찾아왔다. 한살림 조합원들은 거리로 나서기 시작한다. 2019년 9월에 결집된 기후위기 비상행동에 참여하여 함께 기후정의에 대해 목소리를 높였다.

한살림생협의 기후위기 대응은 그간 꾸준히 이어져 왔다. 가까운 먹을거리운동은 로컬푸드를 통해서 전 지구적 물류 유통을 통해서 들어오는 농산물들의 수송과 운송에 드는 화석연료를 줄이자는 운동이다. 한국의 푸드마일리지$^{Food\ Milelage}$는 프랑스의 739t·㎞에 비해 10배에 달하는 7,085t·㎞에 이른다. 여기서 푸드마일리지는 무게 단위의 t과 거리 단위인 ㎞를 결합한 것으로 먹을거리가 수송과 운송에 드는 거리와 중량을 따져 그것에 드는 화석연료량을 측정한다. 한살림생협의 가까운 먹을거리운동이 갖는 의미는 상당히 중요한 기후위기 대응 활동이라고 할 수 있다. 더불어 토종종자^{토박이씨앗} 살리기 운동을 통해서 거대 종자회사에게 종속되는 종자의 다양성을 복원하기 위해서 노력해왔다. 몬산토 등이 갖고 있는 유전자조작^{GMO} 종자는 종류가 여럿이 아닌 단일한 우세종만을 만들어내지만, 생태계에서는 대체로 적응한 종자들의 다양성에 따라 환경에 적응할 수 있다. 그렇기 때문에 종자의 다양성을 위해서 토종종자 하나하나를 되살리는 노력이 필요하다. 더불어 각 물류창고의 지붕에 햇빛협동조합을 통해서 태양광 발전시설을 하기도 했다. 조합원들은 태양광 사업에 출자하여 또 하나의 기후위기 대응에 나서고 있다. 또한 못난이 농산물 소비운동을 통해서 종자의 다양성을 위해서 못 생긴 농산물의 소비운동을 펼치기도 했다. 이렇듯 깨알 같은 기후위기 대응 활동을 해왔던 한살림생협이었지만 새로운 상황에 직면했다. 친환경, 에코, 녹색 등을 내건 대기업의 상품들이 우후죽순처럼 생겨났다. 녹색분칠, 다시 말해서 그린워싱의 시대가 도래를 한 것이다. 친환경 제품들의 판매 시장이 형성되면서 협동조합과 대기업이 경쟁하는 모양새가 되었다. 이제 많은 기업들이 나름의 녹색 전략을 통해서 소비자들에게 어필하고 나서고 있다. 그래서 그들은 환경을 생각하고 지구를 생각하는 친환경 기업 이미지를 갖기를 원한다. 그러한 상황에서 소비자들은 좋은 기업 이미지를 그대로 믿고 자신과 자녀들의 건강을 위해서 친환경을 표방한 대기업 제품들을 소비하게 되었다. 다시 말해서 한살림생협이 갖고 있던 생명사상에 입각한 물품의 특수가 사라져 버리는 듯 했다. 그러나 이러한 대기업의 행태는 여전히 성장주의에 입각한 마켓팅 전략에 불과했다. 대기업들이 더 많은 친환경 제품을 소비하도록 권유하는 것은 지구와 생명과 미래 세대를 위한 거라기 보다는 사실상 기업의 이득을 위함이 분명했다.

한살림 부설 모심과살림연구소의 임채도 소장은 한살림이 대기업의 그린워싱을 대하는 태도를 이렇게 정리해주었다. 먼저 그는 "대기업은 정말 친환경적일까? 진짜 친환경을 원할까?"라는 질문에 다음과 같이 말한다.

상품 생산은 인간의 힘, 노동력과 물과 토지 등 자연환경, 축적된 자본과 기계 설비가 결합되어야 이루어집니다. 특히 자본주의가 고도화 되면서 자본의 크기와 발전된 기계 설비는 기업 이윤율을 높이는데 결정적인 요소가 됩니다. 인간의 힘, 자연환경은 가장 중요한 생산의 원천임에도 불구하고 대량 생산 체제에서는 부차적인 요소로 취급되고, 대자본에 의해 끊임없이 착취당하고 있습니다. 지난 세기 탄소 자본주의가 낳은 세계적인 대기업들은 그대로 가장 자연환경을 착취한 장본인들이라해도 과언이 아닙니다.

결국 문제를 일으킨 자가 문제를 해결하겠다고 나서니, 도둑에게 경찰 역할을 맡긴 것이나 마찬가지라는 생각도 든다. 그런 점에서 "이러한 대기업들은 왜 '친환경'임을 이제 와서 홍보하고 내세울까?"라는 질문도 던졌다.

기후위기가 목전에 도달한 요즘이지만, 사실 대자본, 대기업들의 환경 파괴로 인한 지구생명의 위기에 대한 경고는 오래 전부터 있었습니다. 1972년 로마클럽이 발표한 《성장의 한계》 보고서가 대표적입니다. 우리가 -사실은 대기업들이지요- 지금과 같은 자연 착취적 생산 방식을 고집하면 결국 늘어나는 인구를 감당할 수 없고, 성장의 한계에 직면한다는 것입니다. 그 후 1992년 '지속가능한 발전' 개념이 국제 사회에 제안되었고 오늘과 같은 기후위기 시대에 이제 우리 인류는 자연의 소중함, 대기업의 자연 파괴에 대해 경각심을 가지게 된 것입니다. 여기에는 많은 생태운동가, 자연보호운동, 친환경 시민운동의 역할이 컸습니다. 이들은 작은 마을에서부터, 국가 단위, 지구적 단위로 행동하면서 기업들의 무분별한 자연 파괴에 항의하고 저항했습니다. 이들의 힘과 여론이 커져갈수록 기업들은 자신들이 가진 거대한 자본의 힘, 언론매체에 대한 영향력을 동원해 국가 정책 뿐 아니라 환경운동, 소비자운동에 개입하려 했고, 과학자들에게 막대한 연구비를 지원하면서 친기업적 논리를 개발했습니다. 거대 석유자본, 곡물메이저 등의 사례를 보더라도 그렇습니다. 결국 대기업들에게 '친환경'은 불법 자금을 돈세탁 하는 것처럼, 자연을 착취한 원죄를 세탁하여 '합법화'하겠다는 것에 다름 아닙니다.

이렇듯 대기업은 아래로부터의 생명운동, 환경운동 등에 민감하게 반응하면서 겉으로는 자신도 그런 쪽이라고 끊임없이 대립각을 무마하도록 노력해 왔다는 점이 드러난다. 그렇다면 한살림의 새로운 생활 양식 실천 운동은 그린워싱이 아닌 어떠한 라이프스타일을 제시하고 있을까?

한살림은 자연에 가장 피해가 적은 방식으로 물품을 생산하고 소비하는 운동입니다. 이 운동이 가능하기 위해서는 생산자와 소비자가 유기적으로 결합하고, 서로 존중하는 관계를 만들어가는 게 무엇보다 중요합니다. 그래서 한살림은 매년 생산자와 소비자가 서로 머리를 맞대고 생산량과 거래 가격을 합의 결정합니다. 이윤이 보장되는 생산 방식이라도 그것이 자연에 회복할 수 없는 결과를 초래한다면 생산자와 소비자가 거부합니다. 한살림도 자본주의 한 가운데에서 활동하고, 생산하고, 소비하는 만큼 어려운 점이 많습니다. 한살림의 규모가 커지는 만큼 작은 판단이나 결정일지라도 전체 사회와 자연에 미치는 영향을 더욱 심사숙고하지 않을 수 없습니다. 한살림은 생산자운동이자, 소비자운동이면서 동시에 '생활실천운동'입니다. 한살림은 오늘의 생산자, 소비자들이 미래의 새로운 생활 양식을 창조하고 있다는 믿음을 가지고 있습니다. 30여 년 전 우리 사회에서 '친환경', '유기농'이라는 말이 생소했을 때부터 고집스럽게 자연과 생명, 친환경 유기농업의 중요성을 실천하고 주위에 알려 왔습니다. 소비자들은 소금이나 젓갈을 담은 유리병을 깨끗이 재사용하고, 헌옷을 모아 나누어 재활용하고, 친환경 제품을 사용했습니다. 생산자들은 긴급한 경우를 제외하고 석유, 석탄을 사용하는 가온 재배를 철저히 제한하고 있습니다. 힘없는 소농들이 서로 힘을 합쳐 생산공동체를 만들고 친환경 생산을 하고, 친환경 농법을 지역 생산자들과 함께 나누고 있습니다. 한살림은 생산자와 소비자들이 주요 회의에 참여하고, 모든 중요 결정을 공동으로 합의, 결정하는 구조를 가지고 있습니다. 이러한 방식은 우리 사회의 미래를 보여주는 새로운 생활 양식 창조운동입니다.

이렇듯 그린워싱을 일삼는 대기업은 생산자와 소비자를 멀리 떼어놓아서 이윤을 보장받으려 하지만, 한살림은 한사코 생산자와 소비자가 하나라는 원칙을 지키고 있는 것을 발견할 수 있다. 다시 말해 건강한 생산 없이 안전한 소비가 없듯이 건강한 소비가 친환경 생산을 지속하는 힘이기 때문에 소비자와 생산자는 서로 도농 교류의 장에서 하나가 되어야 한다는 점이 드러난다. 이렇듯 한살림의 생산과 소비의 건강한 관계야말로 '그린워싱'에 대응하는 새로운 생활 양식이라고 할 수 있겠다.

Q 33

법정스님의 무소유 이야기
변택주 꼬마평화도서관 대표와의 인터뷰

법정스님의 무소유 사상은 사람들로 하여금 의구심을 자아내게 한다. '갖지 않고 어떻게 살란 말이냐?'라는 의문이 그것이다. 그러나 무소유는 하나가 있어야 할 때 둘은 갖지 말라는 사상으로 꼭 필요한 것만 가져라 하는 생각을 담은 단어이다. 거기에는 몇 가지 일화가 있다.

법정스님이 한 번은 글을 쓰시는데, 도움이 되라고 보살님으로부터 만년필을 선물 받았습니다. 끝이 뾰속하고 쓰윽쓰윽 글이 잘 쓰여지고 제법 디자인도 괜찮아서 그가 애용하는 만년필이 되었습니다. 법정스님은 산뜻하고 소중한 마음이 그 만년필에 깃들어 있다고 말하면서 자주 그 소중함에 대해 얘기하곤 했습니다. 그러던 차에 법정스님은 유럽여행을 가서 문방구 가게에 자신이 갖고 있는 만년필과 똑같은 것을 발견하게 됩니다. 그는 너무 기뻐서 한 자루를 더 사서 한국으로 귀국하였습니다. 그런데 한 자루일 때의 산뜻하고 소중한 마음이 갑자기 사라져 버리는 게 아닙니까? 물건에 붙어 있는 마음이 우리 마음의 배치를 바꾸어버린 것입니다. 또한 펜 두 자루가 되니 한 자루를 쓰면 다른 자루는 제 구실을 못하고 있는 것은 아닙니까? 일종에 죽어 있는 한 자루를 면밀히 관찰하다가, 법정스님은 자신이 산 만년필을 진명스님에게 선물해 버립니다. 그러자 그전에 갖고 있던 만년필에 대한 산뜻하고 소중한 마음이 되살아나서 기뻤다고 합니다.

이렇듯 법정스님의 무소유 사상은 물건에 붙어 있는 마음에 현혹되어 축장하고, 자신이 필요하지도 않는 데 더 갖고 있으려는 생각에 대한 성찰이다. 자신이 필요한 물건이라면 절실하고 소중할 텐데, 굳이 필요 없는 물건을 더 가지려고 한다면 그 소중함의 가치가 사라져 버리는 것을 느낄 수 있다. 바로 자본주의는 더욱 더 많은 것을 가지라고 하는데, 그것은 우리 마음의 소중함을 잃어버리는 소비 행위라고 할 수 있다. 또 이런 일화도 있다.

법정스님에게 보살님이 수억 원의 기부를 통해서 길상사를 세우게 했습니다. 그때 법정스님은 수억 원의 돈을 안 받겠다고 하다가 정 주려면 송광사 소유로 받게 했습니다. 자신의 재산으로 간주되기를 거부한 것입니다. 그는 수행자의 재산은 바루와 가사옷 세 장이면 그만이라고 생각했습니다. 그는 수행자들이 배운 것은 세상에 다 돌려주어야 한다고 역설했습니다. 세상에 돌려주지 않는다면 도둑질과 같다고 하면서 자신이 가진 지식, 물건, 재산을 나누어야 한다고 말했습니다. 모든 것을 거듭 나누고 내가 가진 것들을 우주가 관리한다고 생각해야 한다고 하면서, 자기계발과 자기관리의 논리와 정반대의 이야기를 하셨습니다. 그래서 자신의 갖고 있는 불교의 지식을 대중들에게 쉬운 말로 전파하기 위한 고된 지적 작업을 마다하지 않았습니다. 그는 법구경과 초기 불교원전, 불교사전, 불교성전들에 대한 꼼꼼한 편찬과 수정, 감수 작업에 대부분 참여했습니다.

이러한 일화는 지식과 재산, 부가 모두 자신의 것이 아니라, 공동 소유라는 생각으로 확장된다. 『무소유』의 4판 서문에서 윤구병 선생님은 '무소유는 공동 소유다'라고 서술함으로써 사실상 법정스님의 무소유 사상이 결핍과 빈곤이 아니라, 나눔이자 공동 소유임을 역설했다. 법정스님이 자신이 갖고 있는 지식을 나누기 위해서 엄청난 시간 동안 저술과 편찬 작업에 몰두했던 이유는, 불교가 귀족들의 전유물이 아니라, 대중들의 언어이자 대중들의 것으로 되돌려주기 위한 노력이었다. 그러한 무수한 법정스님의 일화 중 이런 부분도 있다.

봄이 되자 법정스님이 출판사에 전화를 하셨습니다. 출판사의 대표는 반갑게 전화를 받았습니다. 그런데 마치 탱크가 지나가듯 말하기 시작하셨습니다. 무슨 빚쟁이가 빚 갚으라는 독촉처럼 성이 나서 얘기하셨습니다.

"아직 인세가 도착하지 않았는데, 어찌 된 일이야! 내일까지 보내라고 꼭 보내라고"

마치 성난 사람처럼 법정스님이 전화를 하셔서 출판사 사장은 무언가 망치에 두들겨 맞은 기분이 들었습니다. 『무소유』라는 책에 대한 인세에 소유를 강조하는 느낌이 들어서 뒷목을 두들겨 맞은 느낌이었다고 합니다. 무슨 연유인지도 궁금하지만, 아무 말씀이 없어서 더 이상했습니다.

일단 급한대로 돈을 꾸고 빌려서 인세를 완납했습니다. 그리고 봄이 되면 곧장 또 인세 채근질이 계속되었습니다. 그래서 소유에 대한 집착으로부터 법정스님이 완전히 자유롭지 않은 것 아니냐는 편집자들의 의문도 생겼습니다. 그러나 법정스님이 입적하시고 나서야 그 의문은 풀렸습니다. 법정스님이라는 이름도 알리지 않은 채 많은 대학 입학생들이 장학금 형태의 등록금을 받고 대학에 들어간 것입니다. 오른 손이 하는 일을 왼손도 모르게 하라는 증여와 호혜를 직접 실천하고 계셨던 것입니다.

법정스님의 일화를 얘기해주신 변택주 꼬마평화도서관 대표는 법정스님의 '맑고 향기롭게운동'의 의미를 자세히 얘기해 주었다. 민청학련 사건으로 잡혀 간 10여 명의 운동권 청년들에게 사형이 언도되자 김수환 추기경과 법정스님 등 많은 종교시민단체 사람들은 일제히 독재정권을 향해 나쁜 사람들이라고 비난하는 성명을 냈다고 한다. 그러자 무슨 일이 벌어졌을까? 그 무도한 독재정권이 청년들을 한 나절 만에 사형을 실행한 것이다. 그러자 법정스님은 불임암으로 들어가 칩거했다. 그리고 나서 쓴 책이 작은 것의 이야기, 풀꽃이야기, 생명의 이야기 등을 담은 『꽃은 아름답다』였다. 그것은 생명의 소중함에 대한 가슴 절절한 성찰이면서, 종교인들이 마음운동의 하나로 생명운동에 나서야 함을 선언한 것이었다.

그 이후 전개한 운동이 '맑고 향기롭게'였다. 맑고 향기롭게 할 부분은 마음, 세상, 자연이었다. 세상을 맑게 만들기 위해서 시민모임을 직접 이끌었다. 그 모임에는 타 종교인이나 회비를 안 내는 사람들이 대부분이었다고 한다. 그러나 자신의 실천으로 함께 하겠다는 의지를 가진 사람들이었다. 법정스님은 "날마다 꽃처럼 태어나세요"라고 말씀하셨다. 어제 했다 하더라도 오늘 안 해도 된다는 게 아니다. 늘 오늘 새롭게 태어나 마치 꽃이 날마다 피듯이 새롭게 일과 살림과 돌봄을 해야 한다는 것이다. 인생은 지금 이 순간이며, 다시 돌아오지 않기 때문에 늘 새롭게 하루하루를 맞이할 필요가 있다.

맑고 향기롭게

탈성장운동에서 법정스님의 무소유 사상이 우리에게 다가오는 비중은 매우 크다. 자신의 삶의 터전을 새 우짖고 꽃이 피어나는 생명의 장으로 만들라는 얘기는 그만큼 세상 사람들에게 각성과 성찰을 하게끔 만드는 면이 있다. 자신의 삶을 윤리적이고 미학적으로 만들라는 얘기이다. 더욱이 보이는 곳에서 그렇게 하라는 얘기가 아니라, 보이지 않는 곳부터 그렇게 만들라는 얘기이다. 그렇다고 법정스님의 무소유 사상은 보통 사람이 범접하기 어려운 수행자들만의 원칙이 아니다. 자신의 탐욕과 욕심을 내려 놓을 때 비로소 우리는 주변으로 시야가 열리기 때문이다. 그래서 꼭 필요한 것 이외에는 더 갖지 않으려 할 때 우리가 갖고 무덤으로 갈 수 있는 게 하나도 없다는 점을 깨닫게 된다.

길상사의 개관 소식에 대한 일화가 마지막으로 하나 더 있다. 성북구청에서 길상사에 지원금을 주겠다고 연락이 왔다. 그러자 법정스님은 "꼭 필요한 단체가 있을 텐데 우리가 기회를 뺏어서야 되겠느냐? 우리가 하는 일이 대단한 일도 아닌데"라고 하시면서 우리가 가져가야 할 것은 후세에 물려 줄 자연과 생명뿐이라고 언급하셨다고 한다. 그런데 무슨 일이 벌어졌을까? 성북구청의 돈을 받지 않겠다고 했을 때, 세상 사람들은 길상사에 돈이 많아서 정부지원금도 안 받는다는 소문이 파다하게 퍼졌다고 한다. 그러나 법정스님은 누리고 살고, 부유해지고, 사업이 번창하려고 했던 일이 아니라, 자연과 생명처럼 맑고 향기롭게 살아가는 생활운동을 하고 싶었던 것이다. 그런 점에서 한국의 탈성장운동은 법정스님이라는 보이지 않는 스승에 크게 빚지고 있다.

Q 34

프란치스코의 반역적인 가난과 작은공동체운동
최경환 작은형제회 수사와의 인터뷰

13세기 아시시의 청년 프란치스코$^{San\ Francesco\ d'Assis}$는 신열에 들떠 침대에 누워 있었다. 만신창이가 되어 끝없이 꿈을 꾸고 있었다. 그의 몸은 병들어 있고 삐쩍 말라 있었으며, 마음도 피폐해질 대로 피폐해져 있었다. 바로 직전까지 청년 프란치스코는 성공을 향해 질주하고 있었다. 부유한 상인의 아들이며, 기사로 계급 상승을 꿈꾸었던 그는 전쟁에 가담하기도 했다. 그러나 그는 난폭하고 잔인한 전쟁에 환멸을 느끼고 포로로 잡히고 패잔병이 되었다. 그는 성공을 향해 질주하다 갑자기 밑바닥으로 추락했다.

그는 돌연 꿈을 꿨다. 갑옷과 장신구로 가득한 방이었다. "누구를 섬길 것인가? 종인가? 주인인가?" 보이지 않은 곳에서 엄청난 목소리가 들렸다. 그의 주인으로서의 예수의 환상은 기존의 신앙과는 완전히 다른 신앙을 향해 나아가고 있었다. 그는 피조물로서 새와 당나귀, 거위와 자신이 아무런 차이가 없다는 점을 깨닫는다. 그는 병에서 일어나자 새와 함께 노래하기 시작한다. 당나귀의 귀에 속삭이기 시작한다. 그리고 그는 가난한 사람들의 몸과 마음이 세상만물의 피조물과 연결되어 있다는 점을 느끼고 있었다.

> 내 주여! 당신의 모든 피조물 그 중에도,
> 언니 햇님에게서 찬미를 받으사이다.
> 그 아름다운 몸 장엄한 광채에 번쩍거리며,
> 당신의 보람을 지니나이다. 지존이시여!
> 누나 달이며 별들의 찬미를 내 주여 받으소서.
> 빛 맑고 절묘하고 어여쁜 저들을
> 하늘에 마련하셨음이다.
> 언니 바람과 공기와 구름과 개인 날씨,
> 그리고 사시사철의 찬미를 내 주여 받으소서.
> 당신이 만드신 모든 것을 저들로써 기르심이니이다.[22]

그의 깨달음은 그를 변하게 만들었다. 그는 모든 재산을 가난한 자들에게 나누기 시작했다. 그의 아버지는 그를 핍박했다. 돈을 돌려받고 싶다며 그를 붙잡아다가 주교 앞에 세웠다. 그는 "아버지가 가진 것은 다 돌려 드리겠습니다"라며 돈 뿐만 아니라, 자신의 옷까지도 벗어 아버지에게 건넨다. 그는 맨몸뚱아리가 되었다. 아시시 성 밖으로 쫓겨나서 나병환자와 가난한 사람

---

[22] 프란치스코 〈태양의 노래〉 중에서 최민순 신부 역

을 도우며 그들과 함께 했다. 그는 낡은 교회를 직접 고쳐서 작은 교회를 설립했다. 그것이 '작은형제회'라는 신앙공동체였다.

성 프란치스코

프란치스코의 가난한 교회운동 이전에도 휴밀리타스운동이나 발도파 등도 가난한 교회운동을 했다가 이단으로 몰려 처형되었던 적이 있었다. 당시의 기성 교단의 예수는 부활예수, 승리예수, 왕관을 쓴 예수였다. 그러나 그는 고난받고 가난하고 핍박받는 예수를 주장했다. 그가 교황의 승낙을 받으러 바티칸으로 걸어서 갔을 때 교황은 갑자기 쓰러져 가는 성당을 프란치스코가 버티고 있는 모습의 꿈을 꾼다. 교황은 프란치스코의 가난한 삶, 수행적 삶, 복음적 삶에 대해 승낙을 내린다. 작은형제회라는 가난의 공동체는 가톨릭 교단에서 수용되고 순종을 약속받는다.

그러한 사건은 교회를 보이지 않게 변화시켰다. 교회는 성공주의, 승리주의에 도취되어 잘 나서는 사람들의 위선적인 신앙생활의 수단이 되어 있었다. 교회는 건물을 세우고, 잘 사는 사람들에게 천국을 약속했다. 그런데 갑자기 가난한 사람들의 신앙생활을 주장하는 기존 질서에 반역적인 가난의 공동체가 교회 내로 들어왔다. 기득권을 지키고자 하는 사람들에게는 자신의 것을 부정하는 것으로 느껴지는 대목이기도 했다. 그러나 교회는 점점 변화하기 시작했다. 작은형제회 자체가 교회 내에 들어왔다는 점은 가난한 사람들과 하나 되는 마음의 운동, 영성의 운동이 체제 내에 들어왔음을 의미했기 때문이다.

프란치스코는 새와 당나귀에게도 설교를 하고 복음을 전파했다고 한다. 피조물은 그와 함께 어우러져 함께 몰려와 기쁘게 웃고 울었다. 그의 자연을 바라보는 방식은 피조물로서 인간과 새와 당나귀는 평등하다는 입장이었다. 그러자 사람들은 가난의 삶의 방식이 새들처럼 자유롭게 가진 것 하나 없이 살면서도 아름답고 기쁘게 울고 웃는 거라는 점을 깨닫게 된다. 그는 우리가 가진 것 하나 없이도 즐겁고 기쁘게 살 수 있는 신 앞의 피조물로서의 존재라는 것을 가르쳐 주었다.

작은형제회의 최경환 수사는 잔잔히고 고요히게 프란치스코의 일대기를 전해 주었다. 최경환 수사가 말한 프란치스코의 가난한 복음의 삶은 어찌 보면 평범한 사람들이 접근하기 어려운 거라고 느껴지기도 했다. 그러나 우리는 제사나 의례를 통해서 우리의 기존 삶을 정당화하는 게 아니라, 수행과 기도를 통해서 스스로 가난한 삶의 태도를 갖추는 게 필요하다는 점을 느낄 수 있었다. 수행이란 좁고 험한 길이지만, 마음껏 누리고, 자신을 내세우고, 성공과 승리를 통해서 출세하려는 삶의 방식과는 거리가 먼 아주 특별한 탈성장의 삶이라고도 할 수 있다.

프란치스코의 가난한 공동체운동인 작은형제회는 부침이 많았다. 가톨릭 교회에서는 제사와 의례를 주관하는 사목적인 역할로 되돌아와 기성 교회와 다를 바 없는 체계가 되기를 원했다. 그러나 이에 대해서 프란치스코는 가난한 복음적인 삶을 포기하지 않았다. 프란치스코가 살아 있는 동안 작은형제회는 분열되어 결국 양 갈래로 나뉘었다. 가난한 공동체운동에도 분열이 찾아왔다. 그러나 무엇이 옳다고 판단할 수는 없었다. 가난한 삶을 기존 삶에 전파하는 것과 가난 자체를 살아가는 것 무엇 하나 빼놓을 수 없었기 때문이다.

현재 가톨릭의 교황은 프란치스코 교황이다. 먼저 프란치스코 교황은 교황이 되자 어느 이름 모를 주교 한 사람이 귀에 대고 "가난한 사람을 잊지 마십시오"라고 했던 것에 감화되었다고 한다. 그런 말을 한 주교가 누구인지도 알 수 없었다고 한다. 교황은 자신의 교황명을 프란치스코라고 명명했다. 그의 칙령 〈찬미받으소서〉는 자연과 생명을 지키고 돌보는 교회가 되어야 한다는 점을 분명히 했다. 이는 프란치스코의 피조물과 어우러진 가난한 삶에 대한 메시지를 담고 있다.

가난한 자에게 자신의 망토를 주는 프란치스코
1297~99. 프레스코. 성 프란치스코 대성당

 탈성장 시대에 프란치스코는 어떤 의미를 가질까? 우리가 누리고 살고 더 성공하려고 질주하는 삶이 아니라, 낮은 곳으로 향하는 삶이 중요하다는 점을 의미한다. 우리 이웃인 제3세계 사람들과 기후난민의 삶에 우리는 마음을 열어야 한다. 이를 위해서는 제사나 의례를 통해서 통속적인 자신의 삶을 정당화하는 게 아니라, 수행과 기도를 통해서 그러한 삶을 살도록 노력하는 삶이 중요하다. 그러나 우리의 평범한 삶은 그러한 가난의 삶에 가까워지기 어려운 것도 사실이다. 그렇다면 우리는 어떻게 해야 할까? 맛있는 것 앞에서 손이 먼저 가고 침이 고이는데 그것을 참아내라고 하는 것이 수행적 삶이 아니다. 우리가 가진 것 중 일부를 가난한 사람, 생명, 자연과 나누고 그들과 함께 기쁘게 살아가는 게 오히려 수행적 삶이라고 할 수 있다.

우리는 높은 곳으로 향하고, 위대한 업적을 남기고, 이름과 자취를 남기는 삶이 아니라, 낮은 곳으로 향하고, 생명과 자연과 함께 하고, 자취를 적게 남기는 삶에 주목해야 한다. 부유한 나라 한국에서 태어나 기후위기 시대에 다행이라는 생각에 머무는 게 아니라, 약자와 피해자가 되고 있는 제3세계 사람들에게 어떻게 도움의 손길을 줄 것인가를 끊임없이 고민해야 한다. 그 일환 중 하나가 탈성장의 삶이다. 극도로 가난한 삶을 사는 제3세계 사람들의 삶처럼 되지는 못하겠지만, 더욱 줄이고 아끼고 감축하고 나누고 돌보는 삶으로 향하는 삶이 그것이다. 우리는 프란치스코의 마음의 운동이 어떻게 기성 교단을 바꾸었는지 잘 알게 되었다. 우리 자신도 성장주의에 질주하는 통속적 삶을 변화시키는 시작점이 될 수 있다.

Q 35

불교의 빈그릇운동 이야기
유정길 녹색불교연구소 소장과의 인터뷰

빈그릇운동에 대한 당시 상황을 녹색불교연구소 유정길 소장의 말을 옮겨 일화로 만들어보았다. 2003년 여름 한 나이 지긋하신 노파가 초등학교 교장실을 찾아갔다. 그는 빈그릇운동 홍보물과 서약서 뭉치를 들고 있었다. 그는 교장선생님께 '우리는 음식을 남기지 않겠습니다'라는 빈그릇 서약의 중요성을 역설하면서 전교생이 동참해 줄 것을 호소했다. 그런 다음에는 어떻게 되었을까? 불행히도 그는 잡상인 취급을 받았고 곧 그는 학교 밖으로 쫓겨나게 된다. 그러나 그는 포기하지 않고 다른 학교에 찾아가 지나가는 선생님 한 분에게 음식물을 남기지 않는 게 얼마나 중요한지 설득했다. 그의 열정적인 행동은 돈을 받자고 한 일도 아니었다. 그렇다고 자신의 이름을 남기자고 한 일도 아니었다. 마침내 선생님이 설득되어 교내방송을 통해 빈그릇운동 이야기가 학교 전체에 알려졌다. 그리고 그 노파는 교실을 찾아다니며 빈그릇운동을 설명했다. 교실에 찾아간 노파는 다음과 같이 얘기했다.

저는 불교단체 정토회의 멤버이고, 정토회는 생태적 삶을 실천하기 위해서 노력하는 불교생태공동체입니다. 저는 거기서 밥을 담당하는 공양주입니다. 불교에서는 발우공양鉢盂供養의 전통이 있는데, 자신이 먹은 음식을 남기지 않고 마지막 음식찌꺼기까지 김치조각 등으로 닦아내며 물로 행궈내서 남김없이 먹는 전통이 있습니다. 이러한 발우공양의 전통은 모두가 함께 평등하게 먹는다는 점에서 '평등공양', 깨끗한 음식으로 깨끗이 먹는다는 점에서 '청결공양', 우주만물과 자연에 감사하는 마음을 갖는다는 점에서 '감사공양', 자신의 마음과 몸을 수행의 자세로 한다는 점에서 '수행공양'으로 이루어져 있습니다. 자신이 먹은 음식을 남기지 않는다면 어떤 일이 벌어질까요?

학생들 대부분은 조용히 그리고 진지하게 듣고 있었다. 사실 점심시간이 가까워져서 조금 배가 고팠던 터라 먹는 얘기에 집중하고 있었다. 그 노파의 열정은 교실 전체에 에너지가 되어 전달되었다. 무언가를 믿고 행동한다는 점이 학생들에게는 강한 느낌으로 다가왔다. 그는 다시금 입을 뗐다.

저는 밥을 만들고 먹는 공양주의 역할을 하면서 음식물쓰레기가 너무도 많이 발생하고 있다는 점에 문제 의식을 갖게 되었습니다. 2003년은 음식물쓰레기가 직매립이 금지되어 지자체간 이동이 금지된 해입니다. 우리가 먹는 음식물쓰레기 처리 비용은 4,000억이나 되고, 연간 13조 가량의 음식물 폐기물이 버려지고 있습니다. 지구의 한쪽 편에서는 비만이 문제이고, 다른 한쪽 편에서는 배가 고파 잠을 못 이루는 사람들이 있습니다. 너무 많이 먹어도 병이고, 너무 적게 먹어도 병입니다. 우리가 버린 음식물쓰레기는 사실 못 먹고 사는 제3세계 사람들에게 빈곤과 굶주림과 연결되어 있습니다. 왜냐하면 지구는 연결되어 있기 때문입니다. 우리가 더 건강하게 사는 것은 맛을 탐닉하고 잘 먹고 잘 사는 것에 달린 게 아니라, 우리의 음식이 만들어지기까지 노력했던 수많은 농부와 짐승과 풀벌레와 바람에게 감사하면서 그 은혜로운 식사시간을 맞이하느냐에 달려 있습니다. 우리는 굶어서 하루 3만 명씩 기아로 죽고 있는 제3세계 사람들을 생각하며, 음식을 남기지 않아야 할 것입니다.

이 이야기를 들은 학생들과 선생님들의 호응은 뜨거웠다. 그날 점심시간에는 빈그릇운동에 서약한 학생들로 인해 음식물쓰레기가 현저히 줄어들었다. 학생들은 그날 점심에서 직접 빈그릇을 실천하였고, 적어도 음식을 남기지 말아야 하는 의미를 마음과 몸으로 느끼고 있었다.

이 이야기는 당시 정토회 공양주이자 활동가인 유정길 소장이 최근 들려준 이야기를 2003년 당시 현장의 느낌을 전달하기 위해서 재구성한 것이다. 유정길 소장에 따르면, 99년 정토회 공동체는 탈성장 전환 사회라는 대안적 문명과 사회를 만들기 위해서 실제로 그렇게 살아보는 삶을 위해 만들어졌다. 행동을 해야 믿을 수 있기 때문에 실지로 자신부터 행동에 나섰다. 2001년 정토회는 가장 전통적인 불교 방식의 식사 준비를 해왔는데, 그것이 발우공양의 전통이라고 한다. 그러다가 정토회는 2003년 음식물쓰레기 직매립 금지가 되면서 지자체 간의 음식물쓰레기가 이동이 금지되면서 음식물쓰레기 남기지 않기 운동을 전개했다. 이것이 훗날 빈그릇운동으로 불리는 전국민의 운동이 될 줄은 그 당시에는 아무도 몰랐다고 한다.

처음에는 그것이 될까 싶었지만, 먼저 10만 명 서약운동을 시작했다. 음식을 남기지 않고 그릇을 비우고 마음을 비우고 욕심을 버리자는 의미에서 '빈그릇운동'이라고 지칭했다고 한다. 10만 명 서명운동을 시작할 당시 정토회 멤버들은 "설마 그렇게 되려구", "아마 안 될 거야", "어떻게 그것이 되겠어"라는 마음들이 대부분이었다. 용기를 내서 서울 명동 거리에서 정토회 멤버 10여 명이 흩어져서 사람들의 동참을 호소했다. 단순한 캠페인이 아니라, 서약서를 쓰고 1,000원을 내서 500원은 환경운동에 쓰고, 500원은 제3세계 못 먹는 사람들에게 쓰도록 했다.

그런데 무슨 일이 벌어졌을까? 뜻밖에도 보름 만에 서명인이 10만 명을 돌파했다. 시민들의 획기적인 마음의 변화에 정토회 사람들도 놀랐고, 한국 사회도 놀랐다. 시민들은 적극적으로 서약에 참여했을 뿐만 아니라, 그 소식을 주변 사람들에게 전했다. 심지어 가족 식사시간에도 빈그릇운동은 화제가 되었다고 한다. 사람들의 마음의 변화는 눈덩이가 커지듯이 점점 커져서 100만 명으로 확산되었고, 최종적으로 그해 말에는 160만 명이 빈그릇운동에 서약을 했다. 학교, 공무원, 군대, 식당 등이 이에 적극적으로 동참했다. 이 운동의 시작과 끝에 함께 했던 정토회 유정길 소장은 활동가 스스로가 자신의 한계를 돌파하는 사건이었고, 탈성장 문명의 전환을 예감한 사건이었다고 말한다.

빈그릇운동이 오늘날 탈성장을 얘기할 때, 왜 처음으로 기억에 떠오를까? 아마도 탈성장과 같이 줄이고, 아끼고, 나누고, 절약하는 등의 행동 양식이 대중적인 트랜드로 자리 잡았던 이유 때문일 것이다. 우리는 탈성장이 결핍되고 궁핍되고 부족한 상태라고만 생각하기 쉽다. 그러나 잘 사는 나라로 살아가는 한국 사회에서 그러한 빈곤과 궁핍의 문제보다 너무 풍요하기 때문에 문제가 된다. 문제는 어떤 풍요냐는 것이다. 한편으로는 관계의 풍요가 있고, 다른 한편으로 잘 먹고 잘 누리고 사는 풍요가 있다. 관계의 풍요는 친구와 이웃과 함께 나누고 교류할 때의 풍요이다. 다른 풍요인 잘 먹고 잘 누리는 풍요는 혼자서 잘 살아보겠다고 마음대로 먹고 마시고 놀고 재미있게 사는 것에 대한 풍요이다. 우리는 곁에 있는 이웃을 생각하는 마음으로 제3세계 사람들과 기후난민을 생각할 때 우리의 마음은 이미 관계의 풍요로 향하고 있다. 그리고 빈그릇운동은 그러한 마음이 눈덩이처럼 커진 하나의 사건이었다.

　우리에게 빈그릇은 거기에 무언가를 채워야 한다고 생각할 수도 있다. 그러나 욕심을 비우고, 탐욕으로부터 자유로워진 사람들은 자신의 그릇이 비워져 있다 하더라도 다른 사람들의 그릇이 채워질 때의 나눔의 기쁨을 생각할 것이다. 우리는 그릇을 하나 놓고 실험해 볼 수 있다. 먼저 상상컨대 그 안에 얼마나 맛있는 게 놓여 있을까를 생각해 볼 수도 있다. 그리고 나서 제3세계 아이들이 먹는 밀가루 흰죽이 조금 놓여 있다고 생각해보면 어떨까? 그렇게 되면 우리는 무엇을 상상하게 될까? 우리가 맛있는 것을 먹고, 남기고, 누리는 것은 그 보이지 않는 영역에서 제3세계 아이들의 배고픔과 가난, 빈곤의 몫을 우리가 눈 감아 버리고 외면했기 때문이다. 우리는 더욱 겸손하게 우리의 밥상을 맞이해야 한다. 우리만 잘 살고 잘 누리고 살겠다는 생각으로부터 벗어나 탈성장 시대를 가난한 밥상으로부터 맞이하는 용기 있는 자세와 태도를 생각해 볼 수 있다. 빈그릇운동 그것은 탈성장운동의 색다른 도전이었으며, 지금도 그 여운과 파장은 지속되고 있다.

기후위기 시대, 나와 지구를 함께 살리는
남·음·제로
빈그릇행동을 함께해요

음식물 쓰레기 감축,
온실가스를 효과적으로 줄이는 방법
3위인 거 알고 계신가요?

그래서 **한살림**은
남.음.제로 빈그릇행동을
제안합니다.

남.음.제로 빈그릇행동이란?

생산부터 소비까지, 전 과정에서 버려지는
음식을 줄이기 위해 시작하는 조합원 실천 운동입니다.
먹을거리가 넘쳐나고 외식이 많은 요즘이지만
매끼 음식을 남김없이 먹는 일에 동참하며
나와 지구에 행복한 식습관을 만들어요.

| 마치며 |

떡갈나무 혁명을 꿈꾸며

이 책을 쓸 때, 도토리 한 알이 천이를 일으켜 떡갈나무 숲이 된다는 아이디어를 생명사상연구소의 주요섭 소장에게 들었다. 도토리 한 알과 같은 작은 씨앗은 우리가 보기에는 별 볼일 없는 미물微物에 불과할 지도 모른다. 그러나 작은 씨앗은 거대하고 울창한 숲이 되어 동식물의 보고寶庫가 된다는 것은 상상만 해도 짜릿하다. 최근 지리산 구상나무의 절멸 소식을 접했다. 구상나무가 지구에서 사라진다는 것은 우주에 하나밖에 없는 생물 군락의 멸종을 의미한다. 그럼에도 불구하고 움트고 발아하고 성장하는 생명의 씨앗, 절박한 기후위기 속에서 움트는 생명의 씨앗은 지구의 오래된 약속의 실현이라고 할 수 있다.
　떡갈나무 혁명과 네트워크 혁명은 유사하다. 작은 기계 부품의 기능 연관 속에서 기계체를 이룬 네트워크 속에서 하나의 기계 부품이 다른 작동 양상을 보일 때, 전체 시스템은 고장 나거나 전환될 수밖에 없다는 게 그것이다. 네트워크는 비스듬하게 기계反復와 기계를 연결하는 연결망이다. 기계 역시도 하나의 새로운 혁명의 비전을 갖고 있다면, 이 책이 갖고 있는 숙제를 약간은 해명할 수도 있을 것이다. 이 책은 다른 기계 작동을 보이면서 문명이라는 거대한 시스템을 전환하고자 하는 필사의 노력이 담겨 있다.
　기후위기라는 거대한 문제 설정은 마음의 위기로 다가온다.

기후 우울증과 생태 슬픔 속에서 꼼짝 못하는 주체성 역시도 생산하고 있기 때문이다. 또한 인문학의 위기로도 다가온다. 인류가 해야 할 양육과 돌봄의 역할을 규명하지 못하기 때문이다. 또한 상상력의 위기로도 다가온다. 다양한 특이점을 넘나드는 구조적 표류를 할 수 있는 상상력의 여지가 사라지기 때문이다. 그 모든 것은 이야기 구조의 위기로 귀결된다. '이 시대에는 어떤 이야기를 할 것인가?'라는 지점에서 궁색해진 여러 이야기꾼이 있다. 멸종, 생존, 위기, 파국 등의 이야기들은 우리를 얼어붙게 만든다. 그러나 실천, 기후행동, 전환, 탈성장과 같은 이야기 구조는 우리를 더욱 풍요롭게 만들 것이다.

이 책은 이 시대의 이야기꾼들에게 이야깃거리를 주는 데 목적을 갖는다. 이야기는 몇날 며칠 누가가 불분명하다. 어느 때, 어느 장소, 우리 중 어느 누군가의 이야기 구조는 더욱 느슨하고 여백이 많아 상상력을 자극한다. 우리가 직면한 이야기 구조의 위기 앞에서 우리는 더욱 지혜를 나누는 다양한 실험을 해야 한다. 그 과정에서 이웃, 친구, 가족과 함께 거대한 이야기의 말풍선이 가진 부풀림 속에서 행복하고 풍요로운 저녁을 맞이해야 한다. 기후위기의 깊이와 절박함을 뒤로 한 채 전환 사회에 대한 여러 가지 이야기 구조를 만들어내는 실험은 이제 시작되었다.

이 책의 결론은 도토리 한 알이 만든 떡갈나무 혁명이다. 우리가 작은 도토리 한 알로 땅에 떨어질 때, 지구의 거대한 약속 앞에서 우리는 벌거벗은 실존이 될 수도 있다. 그러나 주변의 다람쥐와 같은 지혜로운 생명을 이용할 필요가 있다. 자연의 책략은 도토리를 모아둔 다람쥐가 깜빡 먹이창고를 망각하면서 시작된다. 그곳에서 봄에 떡갈나무 새순이 움트기 때문이다. 이러한 일련의 과정은 낭만적이거나 자연스럽지 않을 수 있다. 우리는 더욱 모색하고 실천해야 할 것이며, 순간적인 기회에 모든 게 해결되는 것은 없다. 우리는 더욱 강건하게 스며들고 움트고 발아하는 필사의 노력을 해야 한다. 그것은 생명평화 세상을 만들기 위한 우리 자신의 생활 양식이자 행동 양식일 것이다.

  우리는 말할 것이며, 행동할 것이며, 수많은 이야기를 만들어 낼 것이다. 우리는 용기를 가지고 어두운 미래를 밝힐 등대가 될 것이다. 그 빛은 어둠을 밝히는 목표만이 아니라, 무지갯빛 색채로 대지를 물들일 목표도 갖고 있다. 그것이 떡갈나무 혁명의 시작이다. 우리는 나서고, 행동하고, 말하고, 노래할 것이다. 서로에게 어깨를 기댄 채 친구와 함께 가족과 함께 말이다.